1年で150万円貯める家計管理術

なな 著
家計再生コンサルタント
横山光昭 監修

X-Knowledge

装丁・本文デザイン／ISSHIKI
本文DTP／ISSHIKI
イラスト・図版／神林美生
編集協力／元山夏香

はじめに

みなさん、はじめまして。ななと申します。私は北海道で夫と息子の一家3人で暮らしながら節約ブログを書いている主婦です。

今のなな家は夫の月収は23万〜26万円。そこから本書のタイトルにもあるように、150万円の貯金を実現しています。収入がこれだけあると年間150万円の貯金は「余裕」です。ちょっとびっくりですか？ 本書を読んでいただき、そのびっくりが納得に変わっていただけることを願っています。

そもそも、私が節約を始めたのは、結婚がきっかけでした。私が結婚したのは、かれこれ14年前。一人暮らしの経験がない私には大きな課題がありました。

それは、「月収17万円での結婚生活」でした。

専業主婦で子育てに専念することを一番に考えていた私には「共働き」の選

択肢はなし。だからこそ「月収17万円で生活すること」に、結婚前からできることは計画的にと考えていきました。

まずは家賃を安く済ませなければ！　月収17万円で5万円の家賃では、家計をやりくりした経験のない私には精神的につらすぎます。

結婚前から安い家賃の物件の情報を手に入れ、結婚半年ほど前から、「物件探し」を始めました。住むところは無事2万5０００円の家賃の家を見つけられたので、これで一件落着かと思いきや、そうはいきません。

なぜなら、「残り14万5０００円での生活」を考えなければならなかったからです。そのわずかな残りの中でも、「保険は入っておくもの」と思っていたので、これもまた、20社くらいのパンフレットを取り寄せ「夫婦で7０００円の保険料」を基準に、3カ月くらいパンフレットとにらめっこしながら決めました。

携帯代もネックでした。14年前は1台1０００円台で持てる携帯などはなく、どんなに抑えても3０００円台。そのため私の携帯は一時期解約しました。食費とか電気代などの節約も、もちろん頑張りました。子どもが生まれるまでは、電気代は2５００〜3０００円。水道代も基本料金ギリギリで抑えました。そこから、定着したなな家の節約生活のやり方を本書には詰め込んだつもりです。

ここで、「ああ、チマチマした面倒くさい節約してるんだろうな」と思っていらっしゃるあなた。決してそんなことはありません。

私の節約のモットーは、「最初は頑張る。後は流れに乗って楽しく節約する」です。一番大事なのは「節約する順番」です。

まずは月々決まって出て行くお金（固定費）を徹底的に見直し、そこから新婚時代や子どものお金のかからないときに貯金を作り、急に出て行くお金等に備えておくと、出産や育児、教育費で精神的に余裕のない生活が始まっても、貯金で対応できます。

私自身も出産までの2年間で130万円以上家計から貯めることができたので、大変な育児に安心して専念しつつ、貯金体質の家計管理も両立できました。

「貯金は心の余裕を生む」。みなさんもそのことを頭の隅にでも置きながら、ぜひ日々の「節約」を頑張ってみてください。

contents

Chapter 2

日々の積み重ねで水道光熱費を大きく削減

Chapter 3

固定費削減は保険の見直しが効果あり

Chapter 4

もっとも減らしにくい住宅費の減らし方

contents

Part 2

変動費をコツコツ抑える節約のコツ

Chapter 6 やりくり上手で食費を節約

Chapter 7 日用品費の節約はアイデア勝負

Chapter 8 レジャー・イベント費はどんぶり勘定にならず計画性を！

エピローグ

※本書に記載の情報は2016年4月時点までの情報を基にしております。
今後、変更となる場合もございますので、あらかじめご了承ください。

プロローグ

12カ月の家計簿大公開！先生、私の家計管理どうですか？

なな流家計簿大公開！ 年150万円の貯金は可能なのです

「1年で１５０万円も本当に貯まるの？」

「そもそもの収入が多いのでは？」

本のタイトルを見てそう思われた方もいるかもしれません。ただ、なな家はいたって普通。いや、どちらかと言うと収入的に低いと言ったほうがよいのかもしれません。

そこで、そんな疑問にお答えするため、なな家の家計簿をどどっと1年分紹介しちゃいます。ごく普通のご家庭でも本当に1年で１５０万円貯めることができるのです。

◎なな流家計簿の見方

ただその前に、なな流家計簿の見方を少し紹介しておきますね。

なな家の家計簿の項目分けは17ページから始まる月の家計簿のようにつけています。

これ、完全に私流です。この項目の分け方が一番ムダ遣いや、お金の動向が見えやすいので、参考にしてもらえればと思います。

支出で大きく分けるのは固定費と変動費。言うまでもなく基本ですね。

固定費は「引き落とし」の項目をそのまま書き写すようにしています。これは何も悩まずに、金額を書き込めばいいので問題なし。

少し違うのは変動費。特に食費は外食費を分けています。結構ここを一緒にするご家庭も多いと思いますが、外食費が食費に含まれて見えなくなるのを防いでいます。基本は家で、というのが節約の王道ですから……。

弁当代も食費と分けています。

なな家の家計では、まだ子どもが小学校ですので、主に夫の弁当代ですが、夫がお昼を外で食べるなんてときも、この費目に入れるようにしています。昼食代をお小遣いと一緒にすると見えないお金が増え、ついつい夫の小遣いを多めになんてことになりかねません。ちなみにお小遣いは毎月固定なので固定費に入れます。

また、大型出費も他とは違うところかなと思います。こちらは、予定外の出費やイベントなどで使ったお金を書くようにしています。たとえば、お正月のお年玉や、父の日、母の日などのプレゼントなどがそうです。意外に使っちゃったなーというものはここに繰り込みます。こうしておくと、どの時期にどんな出費があるかも把握できるようになるので、家計管理にはとても便利です。

さて、説明はこれぐらいにして、それでは実際に12カ月のなな家のやりくり結果を見ていくことにしましょう。

横山先生によるプロ目線のコメントつきです。

なな家4月の家計簿

1年のスタート、早寝早起きで電気代節約に励む

収入 Ⓐ
237,000円

貯金額 Ⓐ-Ⓑ-Ⓒ
72,876円

ココ頑張りました!

4月は子どもの新学期用品がかかりますが、児童手当等を貯めている子ども用貯金からねん出。その他、オール電化の電気料金の大幅値上げに伴い早寝早起きの徹底、保険の見直しをしました。ただ、暖房費14,399円が痛かったです。

プロの目

春は学用品代がかかりますが、これは必要な支出です。あまりにも節約に目がいってしまい、ケチってしまうと買い直しが必要になるなど、失敗しがちなものです。あらかじめお金を出すところを決め、準備しておくのがGoodです。

支出 Ⓑ		
固定費	住宅ローン	50,300円
	電気代/暖房分14,399円	24,399円
	通信費	4,916円
	水道代	3,421円
	小遣い	15,000円
	保険	9,000円
	給食費	5,000円
固定費小計		112,036円
変動費	食費	13,174円
	外食	4,270円
	ガソリン代	6,980円
	日用品費	903円
	被服費	0円
	医療費	1,450円
	理美容費	2,700円
	子ども費	5,865円
	レジャー費	216円
	弁当代	1,700円
	雑費	2,670円
変動費小計		39,928円
支出合計		151,964円

大型出費 Ⓒ	
父誕生日	10,000円
カード年会費	2,160円
母の日/楽天ポイント、実質ゼロ	2,600円
物干し支柱/楽天ポイント、実質ゼロ	3,200円
	円
	円
大型支出合計	12,160円

※■は計上なし

なな家5月の家計簿

お祝い事は「お祝い費」貯金で乗り切る

収入（給料アップ） Ⓐ
241,304円

貯金額 Ⓐ－Ⓑ－Ⓒ
55,619円

ココ頑張りました！

誕生日、子どもの日と、お祝いが続くわが家。「お祝い費」はクレジットーカードのポイント貯金（212ページ参照）でやりくりします。ただ、ポイントで買い物した場合は、現金として家計簿に記載しておきます。節約のコツです。

プロの目

子どもが喜ぶようなお祝い事は、実際に「あまりお金をかけたくない」と思っても、工夫してやりたいものです。家計のやりくり計画の中に、クレジットカードの「ポイント」を入れることも、工夫の一つと言えますね。

支出 Ⓑ		
固定費	住宅ローン	50,300円
	電気代/暖房分9,901円	19,901円
	通信費	5,872円
	水道代	3,773円
	小遣い	15,000円
	保険	9,000円
	給食費	5,000円
固定費小計		108,846円
変動費	食費	24,846円
	外食	4,403円
	ガソリン代	5,809円
	日用品費	675円
	被服費	3,740円
	医療費	2,202円
	理美容費	1,814円
	子ども費	4,650円
	レジャー費	602円
	弁当代	2,500円
	雑費	1,158円
変動費小計		52,399円
支出合計		161,245円

大型出費 Ⓒ	
子どもの日お祝い/お祝い費	1,900円
母の日（義母）	10,000円
町内会費1年分	4,440円
義母誕生日	10,000円
子ども誕生日/お祝い費	8,180円
	円
大型支出合計	24,440円

※■は計上なし

なな家6月の家計簿

レジャー費を工夫して貯金額が増

収入（給料アップ） Ⓐ
245,000円

貯金額 Ⓐ－Ⓑ－Ⓒ
89,395円

ココ頑張りました！

外遊びがやっとちょうどいい季節（北海道なので……）。お金をかけるレジャーも楽しいけれど、無料の大型公園をぐるぐる回り、芝生で思い切り遊ぶのがなな家流の楽しみ方。この月はレジャー費0円で乗り切りました。

プロの目

子どもはショッピングに出かけるよりも、体をたくさん動かせる遊びのほうが好きなもの。いつもいけない公園などでの遊びは、子どもにとっては立派なレジャー。お弁当を持っていけば、お金をかけずに、楽しみが増します。

支出 Ⓑ		
固定費	住宅ローン	50,300円
	電気代/暖房分4,740円	14,740円
	通信費	4,966円
	水道代	3,773円
	小遣い	15,000円
	保険	9,000円
	給食費	5,000円
固定費小計		102,779円
変動費	食費	16,039円
	外食	965円
	ガソリン代	7,496円
	日用品費	4,300円
	被服費	0円
	医療費	3,110円
	理美容費	2,700円
	子ども費	5,692円
	レジャー費	0円
	弁当代	2,200円
	雑費	324円
変動費小計		42,826円
支出合計		145,606円

大型出費 Ⓒ	
父の日/楽天ポイント、実質ゼロ	3,000円
運動会お祝い/お祝い費	3,580円
ふるさと納税	10,000円
	円
	円
	円
大型支出合計	10,000円

※■は計上なし

ななの家7月の家計簿

夫のヘソクリ管理で大型出費を軽減

収入	Ⓐ
+ 夏ボーナス	290,000円
	231,213円

※住宅ローン控除の戻りあり

貯金額	Ⓐ−Ⓑ−Ⓒ
ボーナス貯金	290,000円
	72,111円

ココ頑張りました!

夫のスーツ代が43,000円。なな家の出費としては負担が大きかったのですが、夫のヘソクリから持ち出し、家計負担は1万円で済ませました。節約生活には夫のヘソクリ管理も重要項目。ただ、やりすぎには要注意ですが……。

プロの目

ご主人のスーツなど仕事上必要なものは、できれば家計から出してあげたいですね。学用品同様、計画的に貯めるとよいでしょう。個人的好みの支出は小遣い、必要なものは家計とすると、家族がより納得のいく使い方になります。

支出		Ⓑ
固定費	住宅ローン	50,300円
	電気代	10,000円
	通信費	5,351円
	水道代	4,126円
	小遣い	15,000円
	保険	6,500円
	給食費	5,000円
固定費小計		96,277円
変動費	食費	16,366円
	外食	969円
	ガソリン代	7,000円
	日用品費	100円
	被服費	0円
	医療費	4,804円
	理美容費	2,160円
	子ども費	4,600円
	レジャー費	2,616円
	弁当&夫お昼代	2,600円
	雑費	610円
変動費小計		41,825円
支出合計		138,102円

大型出費	Ⓒ
ふるさと納税	10,000円
枕カバー	1,000円
スーツ代/お付き合い	43,000円
スーツ代のうち内家計負担	10,000円
	円
	円
大型支出合計	21,000円

※▒は計上なし

なな家8月の家計簿

夏休みレジャーを計画的に実行

収入 Ⓐ
235,283円

貯金額 Ⓐ－Ⓑ－Ⓒ
72,346円

ココ頑張りました！

夏はレジャー費が気になるところ。なな家の夏レジャーは海とプールが中心。わが家の近くの海は駐車場代800円で1日遊べるので、とってもお得なレジャーです。砂遊び、水遊びと、年齢を問わず遊べるので、海はおすすめです。

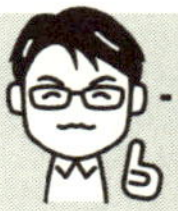

プロの目

お金のかからない遊びは、外遊びが一番！　わが家も宿泊が必要なレジャーは、主にキャンプで体験させていました。海、山など、自然に触れ合うことは子どもの体験としてもよいし、お財布に優しいレジャーですね。

支出 Ⓑ		
固定費	住宅ローン	50,300円
	電気代	9,145円
	通信費	5,175円
	水道代	3,773円
	小遣い	15,000円
	保険	6,500円
	給食費	5,000円
固定費小計		94,893円
変動費	食費	15,897円
	外食	1,707円
	ガソリン代	7,000円
	日用品費	3,252円
	医療費	4,497円
	被服費	5,088円
	理美容費	3,240円
	子ども費	6,649円
	レジャー費	2,600円
	弁当代	1,400円
	雑費	1,214円
変動費小計		52,544円
支出合計		147,437円

大型出費 Ⓒ	
ふるさと納税	10,000円
子ども宿泊学習用意	5,000円
お祭り寄付	500円
	円
	円
	円
大型支出合計	15,500円

ななの家9月の家計簿

食費がかさみがちな秋こそ賢くお買い物

収入	Ⓐ
	238,000円

貯金額	Ⓐ－Ⓑ－Ⓒ
	62,746円

ココ頑張りました！

秋と言えばやはり「食欲の秋」。おいしいものをお腹いっぱい食べながらの家計管理に役立つのが道の駅の産直所です。安くて新鮮な野菜が手に入る上、道の駅の芝生などでプチレジャーも楽しめたりと何かと活用しています。

プロの目

食欲の秋と言いつつも、食費が極端に増えていないのが立派。車での移動が多くガソリン代が増えていますが許容範囲ですね。産直巡りもいいですが、自宅で家庭菜園というのも秋の楽しみ＆節約として、よいかもしれません。

支出		Ⓑ
固定費	住宅ローン	50,300円
	電気代	9,935円
	通信費	5,141円
	水道代	4,126円
	小遣い	15,000円
	保険	6,500円
	給食費	5,000円
固定費小計		96,002円
変動費	食費	23,542円
	外食	808円
	ガソリン代	9,000円
	日用品費	826円
	被服費	2,596円
	医療費	5,200円
	理美容費	2,700円
	子ども費	6,400円
	レジャー費	620円
	弁当代	1,560円
	雑費	0円
変動費小計		53,252円
支出合計		149,254円

大型出費	Ⓒ
敬老の日/（両家）	10,000円
Wii U無線マイク	4,000円
子どもの宿泊学習料金と用意	12,000円
	円
	円
	円
大型支出合計	26,000円

なな家10月の家計簿

まさかの時の備えも節約には必要

収入 Ⓐ
232,000円

貯金額 Ⓐ－Ⓑ－Ⓒ
77,425円

ココ頑張りました!

もう寒暖差が大きくなり始める北海道。近くのレジャーパークは入場料の割に楽しめなくて残念。何事も下調べは大事ですね！　また、この月は子どものケガがあったのですが、治療費がコープ共済からおりて助かりました。

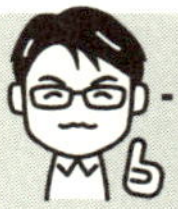

プロの目

お子さんのケガは、予期できない仕方がないこと。保険に加入していたため、医療費が補てんされよかったです。色々あっても支出のペースが乱れないということは、家計管理のベースがしっかりできている証拠です。

支出		Ⓑ
固定費	住宅ローン	50,300円
	電気代	8,942円
	通信費	4,770円
	水道代	4,126円
	小遣い	15,000円
	保険	6,500円
	給食費	5,000円
固定費小計		94,638円
変動費	食費	15,991円
	外食	2,568円
	ガソリン代	6,000円
	日用品費	2,068円
	被服費	0円
	医療費	1,600円
	理美容費	1,080円
	子ども費	6,600円
	レジャー費	2,030円
	弁当代	2,000円
	雑費	2,000円
変動費小計		41,937円
支出合計		136,575円

大型出費	Ⓒ
母誕生日	10,000円
IC乗車カード購入	3,000円
お香典	5,000円
	円
	円
	円
大型支出合計	18,000円

なな家11月の家計簿

賢く通信費の先行投資を実行

収入 Ⓐ
246,000円

貯金額 Ⓐ−Ⓑ−Ⓒ
82,281円

ココ頑張りました!

大型出費として金券ショップにてテレフォンカード1万円分を4,000円で購入。これは固定電話の月々の通話料として使います（38ページ参照）。ちなみに家計簿の通信費は固定電話と携帯＆プロバイダへの払い込みの金額です。

プロの目

NTTの通話料を、安く売っているテレフォンカードで支払うというのは大変な労力がかかりますが、実行できればかなりな節約になります。無理なくできる人にはぜひ取り入れてもらいたい方法ですね。

支出 Ⓑ		
固定費	住宅ローン	50,300円
	電気代	10,068円
	通信費	4,583円
	水道代	4,126円
	小遣い/夫の貯金に5000円プラス	20,000円
	保険	6,500円
	給食費	5,000円
固定費小計		100,577円
変動費	食費	21,760円
	外食	2,254円
	ガソリン代	7,200円
	日用品費	949円
	被服費	2,998円
	医療費	4,510円
	理美容費	1,080円
	子ども費	4,600円
	レジャー費	1,090円
	弁当代	2,600円
	雑費	1,501円
変動費小計		50,542円
支出合計		151,119円

大型出費 Ⓒ	
テレフォンカード	4,000円
オイル交換	2,300円
ソファごみ処理券	900円
リビング模様替え	5,400円
	円
	円
大型支出合計	12,600円

なな家12月の家計簿

イベントの多い年末も「お祝い費」が活躍

収入 Ⓐ
238,000円

貯金額 Ⓐ-Ⓑ-Ⓒ
79,345円

ココ頑張りました!

家族で楽しんだクリスマス会の食事は、お祝い費として貯金してある中からまかなうので家計からの持ち出しはなし。家族の誕生日や子どもの日などの「特別行事」のときの食事はすべてこのお祝い費から出すようにしています。

プロの目

お祝い費の設定は、私もおすすめします。特別支出用の財布は、家計と別に持っていたいですね。楽しいことはきちんと楽しむ、そのための工夫は、生活を充実させ、節約の苦労も忘れます。何事もメリハリが必要だと言えるでしょう。

支出 Ⓑ		
固定費	住宅ローン	50,300円
	電気代	12,209円
	通信費	5,454円
	水道代	4,126円
	小遣い	15,000円
	保険	6,500円
	給食費	5,000円
固定費小計		98,589円
変動費	食費	21,856円
	外食	1,068円
	ガソリン代	6,150円
	日用品費	1,167円
	被服費	1,508円
	医療費	5,020円
	理容	3,220円
	子ども費	5,140円
	レジャー費	0円
	弁当代	1,500円
	雑費/鏡餅、クリスマス用意	1,647円
変動費小計		48,276円
支出合計		146,865円

大型出費 Ⓒ	
IC乗車カードチャージ	1,000円
年賀状	1,560円
車任意保険料	4,230円
クリスマスプレゼント/実家用	5,000円
	円
	円
大型支出合計	11,790円

なな家1月の家計簿

住宅ローン控除の戻りで収入増

収入 Ⓐ	
+ 冬ボーナス	434,000円
	340,000円

※住宅ローン控除の戻りあり

貯金額 Ⓐ－Ⓑ－Ⓒ	
ボーナス貯金	434,000円
	102,847円

ココ頑張りました!

住宅ローン控除が戻りました。控除のある最初10年間は「臨時収入」も基本は貯金です。控除が終わった頃にはまとめて400万円程度繰り上げ返済する予定で、そのお金は現在「家の貯金」として積み上げている最中です。

プロの目

住宅ローン控除は、年末のローン残高と所得税の兼ね合いで控除上限が決まりますから、返しすぎは上限を下げることになってしまいます。なので、控除期間終了後に、計画的に繰り上げ返済するほうが、控除を最大限に活かせます。

支出 Ⓑ		
固定費	住宅ローン	50,300円
	電気代/暖房分12,835円	22,853円
	通信費	4,994円
	水道代	4,126円
	小遣い	15,000円
	保険	6,500円
	給食費	5,000円
固定費小計		108,773円
変動費	食費	20,142円
	外食	2,500円
	ガソリン代	6,180円
	日用品費	1,365円
	被服費	7,472円
	医療費	1,120円
	理美容費	2,160円
	子ども費	4,708円
	レジャー費/スキー	3,710円
	弁当&夫お昼代	4,000円
	雑費	2,308円
変動費小計		55,665円
支出合計		164,438円

大型出費 Ⓒ	
ブルーレイディスク	2,095円
年末お菓子	1,770円
お年賀/両家	60,000円
お年玉	3,000円
免許更新	3,850円
IC乗車カードチャージ	2,000円
大型支出合計	72,715円

なな家2月の家計簿

収入がアップしても気を緩めずに貯金

収入（給料アップ） Ⓐ
260,000円

貯金額 Ⓐ−Ⓑ−Ⓒ
69,223円

ココ頑張りました！

手当等で給与アップがあり、つい「贅沢しちゃおう！」となりがちですが、なな家は住宅ローン控除が終わるまでは「貯める」が第一目標。また、冬場は暖房費などで電気代がかさみがちなので、気を緩めず節約生活です。

プロの目

節約生活、お疲れ様です。節約もよいですが、時には息抜きも大切なこと。家族みんなで頑張るために、ご主人に昇給祝いをしてもよいかも。でも、ここはお祝い費などでカバーできているようなので、心配ないでしょうかね？

支出		Ⓑ
固定費	住宅ローン	50,300円
	電気代/暖房分13,735円	23,735円
	通信費	5,525円
	水道代	4,126円
	小遣い	15,000円
	保険	6,500円
	給食費	5,000円
固定費小計		110,186円
変動費	食費	14,190円
	外食	2,287円
	ガソリン代	5,000円
	日用品費	1,136円
	衣服費	2,000円
	医療費	1,990円
	理美容費	2,160円
	子ども費/スキー学習リフト代込	7,993円
	レジャー費/スキー	3,720円
	弁当代	1,500円
	雑費	3,321円
変動費小計		45,297円
支出合計		155,483円

大型出費	Ⓒ
NHK受信料1年払い	13,990円
IC乗車カードチャージ	1,000円
炊飯器	20,304円
	円
	円
	円
大型支出合計	35,294円

なな家3月の家計簿

1年の締めくくり、最後まで気を引き締めて

収入 Ⓐ

261,000円

貯金額 Ⓐ－Ⓑ－Ⓒ

67,678円

ココ頑張りました！

親子で風邪をひいてしまい医療費が高くつきました。健康管理は節約生活でも重要です。風邪は引き始めから温かい緑茶でうがい＆ビタミンCのサプリをとる。そして、いつもより安静に。大体これでひどくならずに済んでいます。

プロの目

医療費は仕方がないですね。体調不良時の食費もやむを得ません。色々あっての生活ですが、保険などを活用して備えているので極端な支出の乱れにつながっていないようです。節約のみならず健康管理に気を配るのも大切です。

支出 Ⓑ

固定費	住宅ローン	50,300円
	電気代/暖房分22,779円	33,779円
	通信費	4,413円
	水道代	3,421円
	小遣い	15,000円
	保険	6,500円
	給食費	5,000円
固定費小計		118,413円
変動費	食費	23,708円
	外食	1,333円
	ガソリン代	3,800円
	日用品費	2,422円
	被服費	0円
	医療費	6,809円
	理美容費	3,920円
	子ども費	4,600円
	レジャー費	0円
	弁当代	2,000円
	雑費	1,077円
変動費小計		49,669円
支出合計		168,082円

大型出費 Ⓒ

自動車保険年間	20,240円
結婚祝い	5,000円
	円
	円
	円
	円
大型支出合計	25,240円

なな家の家計簿

12カ月分の結果

貯金額	
4月	72,876 円
5月	55,619 円
6月	89.395 円
ボーナス月 7月	362,111 円
8月	72,346 円
9月	62,746 円
上期合計	715,093 円

貯金額	
10月	77,425 円
11月	82,281 円
12月	79,345 円
ボーナス月 1月	536,847 円
2月	69,223 円
3月	67,678 円
下期合計	912,799 円

1年で **1,627,892円** の貯金

…

いやいや、ここから引くものがあるんです。

固定資産税	75,100円
自動車車検代	47,000円

でも、

1,505,792円

節約は固定費⇒ローン⇒変動費の順番で

節約する上で私がおすすめするのは、ズバリ固定費から。私が固定費と言っているのは、住宅ローン、通信費、保険、お小遣い、などです。電気代、水道代は準固定費（どちらかと言うと変動費に近いかな）としています。

固定費は日々の食費の節約などとは違い、最初は手をつけるのに時間と手間がかかります。なので、多くの人が「面倒だから」と避けてしまいがち。

しかし、固定費を一度削減して、たとえば今より月2万円減ったらどうなるでしょう？　「固定費」というのは、どんなことが起ころうとも、一回月2万円削減すれば、ずっと毎月2万円削減されるのです。日用品費や食費から毎月2万円節約するのって、非常に大変。節約ブロガーの私でも、「変動費」で月2万円の節約は、ちょっと苦労します。ですから、面倒だからと後回しにせず、まずは固定費の削減を目指しましょう。

◎固定費の次はローンの完済を目指す

固定費で厄介なのが、ローン関係です。ローンでは、住宅ローンは見直し、その他のローンは早く完済させるようにしましょう。

特にカードローンはできるだけ早く完済させてください。カードローンも、自動車ローンも抱えている場合は、金利の高い「カードローン」から先に返します。そのお金を作るために、「固定費を削減」するわけです。固定費で月2万円浮いたなら、まずは貯金。その貯金が50万円程度できたなら、浮いた分をカードローンや自動車ローンの繰り上げ返済に充てていきましょう。

それができたら、次はいよいよ食費をはじめとする変動費に着手。変動費は、日々コツコツの努力が後になって効いてきます。本では私が実践して、これはイケると思った変動費の節約のコツを紹介しています。

節約するなら固定費⇒ローン⇒変動費という順番が、急がば回れではないですが、最善の道だと思います。

Part 1

節約するなら
まずは固定費と
ローンから

Chapter 1

プランを活用し
浮かすぞ！
通信費

通信費

01 〝かけ放題〟の携帯が節約になるケースは多い！

人によっては、携帯電話のプランを〝かけ放題〟にすると、携帯料金が安くなることも多いですよね。

私自身は、ソフトバンクの携帯電話を利用していますが、今のところかけ放題に入る予定はありません。なぜなら、かけ放題の料金を払ってもお得になるほど、通話をしていないからです。ただ、仕事で使うために通話が多いような人は、ぜひかけ放題を使いましょう。

以前は、**同じ携帯電話会社どうしでなければ、かけ放題にできないプランも目立ちましたが、今は「固定電話も他社携帯も全部ＯＫ」という救世主も。つまり、通話料で携帯料金が跳ね上がる現象は、未然に防げる環境になっているのです。**

Check!
通信プランはどんどん変わってきていますし、通信業者も増えてきています。定額で使っていけるような工夫も必要ですし、安く利用するための情報を知っておくことも大切です。

◎基本使用料だけで携帯のプランを決めるのはNG

もし、「私の携帯代、2万円近くかかっていますが」という人がいるとしたら、かけ放題に入っていないか、固定費削減のつもりで、〝基本使用料がもっとも安いプラン〟に入っているかのどちらかではないでしょうか？

ソフトバンクで基本使用料がもっとも安い「ホワイトプラン」だと、基本使用料は月々934円です（2016年3月現在）。ほぼ通話をしないとしたら、こちらのほうが安上がりです。たとえば、Aさん夫婦が、携帯2台と固定電話を契約するとして、基本使用料だけで考えたときは、

●夫婦で携帯2台ともにホワイトプラン934円×2台＝1868円

●固定電話料金＝500円（ひかり電話の場合）

……で、合計2368円の出費になるとしましょう（消費税やその他諸々の事情は抜いています）。これだけ見ると「固定費削減バッチリやな〜！」ですよね。しかし、実際の請求は毎月2万3000円だったとしたら、この場合、通話料で2万円以上かかっている計算になります。

いくら抑えたつもりでも、結果的に出費が多かったら意味がありません。**肝心なのは、基本使用料だけでなく、自分の電話の使い方を知って、最終的な出費をいかにムダなく抑えるか――なんです。**

先ほどの例の通話料2万円のうち、旦那様が1万3000円、奥様が7000円使っていたとします。この例で、2人がガラケー2台をかけ放題へ変更したとしましょう。すると、2年契約の場合ですが、基本使用料は月2200円で、通話料はゼロになります。よって、毎月の「通信費」は、

- **携帯2200円×2台＝4400円**
- **固定電話＝500円**

……で、月4900円になります。必ず毎月出て行く基本使用料だけ見ると、先ほどよりも値上がりしていますが、ガラケーはかけ放題で通話料がかからないので、これ以上の上乗せがありません。ということは、通話はすべて「かけ放題のガラケー」ですようにすれば、月2万3000円払っていた通信費は「月4900円前後」で収まってしまいます。高い携帯料金に悩んでいる人は、改めてプランの見直しをしてみてください。

通話が多い人は無料通話が中心のプラン、ネット利用が多い人は、通信料中心のプランを選ぶのがいいですね。都心ではオリンピックに向け、Wi-Fi環境も整ってきているので、上手に利用し賢く節約しましょう。

携帯料金どっちがお得?

固定電話を「電話を受ける用」に使った場合

固定費	固定費
基本使用料の安いプラン 934円×2人	ガラケーかけ放題 2200円×2人
＋	＋
固定電話 500円	固定電話 500円
▼	▼
月の出費 2368円	月の出費 4900円
＋	⇩
他社キャリアへの通話料	これ以外に通話料なし

結果的に安くなるほうを考え選択しよう!

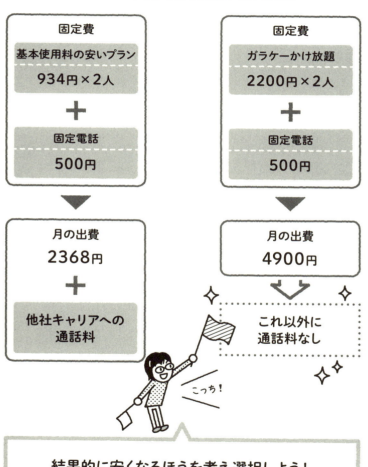

02 NTT通話料金をテレフォンカード支払いで半額に！

通信費

テレフォンカード、最近はあまり見ることもなくなったかもしれませんが、今でもありますし、実は通信費の節約に使えるのを知っていますか？

なんと、NTT東日本・西日本の固定電話の通話料金の支払いに、テレフォンカードを充当できるんです（あくまで、充当できるのは通話料金であって、基本料金には充当できません）。

ただし、**加入している契約によっては、テレフォンカードの充当ができない場合もあり得ます。なので、まずNTTに電話（フリーコール）し、「テレフォンカードを通話料金に充てたいのですが、私の契約でできますでしょうか？」と、確認しておくといいでしょう。**

ここで無事「テレフォンカードの支払いができます」と言われたら、テレフォ

一般の加入電話やISDNの国際電話通話料、オフィスタイプのひかり電話の通話料一部などが充当できないものです。一般のご家庭はほぼ利用できそうです。少し手間はかかりますが、節約効果はあるので、まずは確認&申し込みを。

ンカードを通話料金に充当する手続きをしたい旨を、そこで伝えてください。すると、書類を送ってもらえます。

書類の中に「返信用封筒」が入っているので、そちらに同封してテレフォンカードを送ります。送料は無料のようです。嬉しいですね。

ただし、使えるテレフォンカードは、500円か1000円のカードに限定されます。高額テレフォンカードはダメだそうです。また、使いかけのテレフォンカードは、残念ながら使えません。

さらに、NTTの手数料として、テレフォンカード1枚あたり50円（税抜）かかります。500円のカードでも1000円のカードでも、手数料は同額です。ただし、ICテレフォンカードの場合は、手数料が1枚100円（税抜）となるのでご注意を。

テレフォンカード払いをする際の手数料は、テレフォンカードの通話料金への充当が開始される月に、一括で請求されることになっています。ただ、あまりにもたくさんのテレフォンカードを一気に送ると、NTTの方が大変みたい（？）です。自宅に大量のテレフォンカードを持っているような方は、何枚くらいまならまとめて送ってもいいのか、念のためＮＴＴに聞いてみてください。

◎テレフォンカードで通話料金半額以下を目指す

使っていないテレフォンカードが家にどっさり……という例はあまりないかもしれません。かくいうわが家にもなかったので、私の場合はテレフォンカードをわざわざ買って手続きしました。

買う場合、重要なのはもちろん「いかに安く買うか」です。テレフォンカードを買う値段が安ければ安いほど、電話代の節約につながります。

色々と検討しましたが、一番安くつくのは、「Ｙａｈｏｏ！オークション」などのオークションサイトです。ただし、うまいこと安値で落札できれば……の話ですが。ちなみに、私は何度かトライしましたが、落札できませんでした。

このような場合は、インターネットの金券ショップをあたりましょう。私は色々とサイトを比較し、特別安く思えたサイトで購入しました。

私が買ったのは、「１０５度数10枚」＝1万円分のテレフォンカード。これを４０００円で購入しました。

私が選んだサイトは発送方法が自分で選べ、その中で一番安い発送方法で送ってもらいました。郵送料は170円ぐらい。ここまでの出費が4170円。オークションと同じく、前払い方式です。

NTTのテレフォンカード手数料は、今回は10枚なので、税込540円です。ということは、1万円の通話料に対して4710円しか払っていませんので、割引率で言えば、驚異の52・9%！

実質料金で言えば、プラチナ・ラインのNTT固定電話の場合、県内料金2分で税込3・8円。3分なら税込5・7円。料金の安さで知られるIP電話にも負けない安さです（契約内容によっては、居住地の県外に電話する場合、実質料金がアップし、IP電話に負ける場合もありますが）。

もし、テレフォンカードを買う際に前払いするのが不安な場合は、手数料は数百円程度かかってしまいますが、商品を受け取ったときに料金を支払う「代引き」という方法もあります。代引き手数料を支払ったとしても、固定電話代は安くなるので、試してみるといいと思います。

Check!

金券ショップの利用は、インターネットでもでき、郵送で手に入るので便利ですね。毎月の通話料はテレフォンカード1万円分の中から引かれていきます。残額を把握していないと、ある月に突然通話料の請求がきますから、気をつけてください。

03 タブレット通信費を節約！Wi-Fiで月0円運用をしよう

通信費

携帯電話の他に持っている人も多いｉＰａｄなどのタブレット。通信制限なしの「ＷＩＭＡＸ」などがあれば、外でも好きにタブレットを使えるんですけどもね。ここでは〝家の中だけでタブレットを見る〟ことを前提に書いていきます。

今どきのタブレットは小さくなっていますが、私の持っている古いｉＰａｄは、持ち歩きにはあまり適していません。本当にビジネスバックに入れて持ち歩くような大きさで、決してスマホのようにいつでも携帯する大きさではないです（しかも、そこそこ重い……）。ということで、家の中だけで使う方法で、タブレット通信費を思い切り節約しちゃいます。

iPadをキャリア契約した場合、2016年3月時点では、スマホ一台8GB契約で「タブレットずーっと割」というものを適用すればタブレット料金は「月月割」が効いている間は実質0円になります（2年契約の場合）。

その後は月980円。「これくらいなら払ってもいい」と思うかもしれません。

しかし、これはスマホの8GBのプランを契約して、タブレットとその8GBを分け合う。というもので、スマホ料金は「月9700円」。ご夫婦で持っていれば、一人がタブレットを持っていなくても2万円近くかかってしまいます。

◎固定回線のインターネットで通信費を一気に安く

ではどうするか？　仮に家にADSL回線を引いたとします（マンションの場合、光回線のほうが安いかもしれないので要チェック）。すると、固定電話代で約1700円、ADSLの料金約2500円（50Mの場合）で約4200円これらが月々かかる料金になります（固定電話なしプランもあります）。

これに加え、「Wi-Fiルーター」というものを購入します。電気量販店でも、インターネットでも売っています。これが大体4000～1万円程度。月々払う必要はなし。つまり、一回きりの出費で済むわけです。

この「Wi-Fiルーター」を接続することで、タブレットは「キャリア（ソフトバンク等）」と契約しなくても、インターネットはもちろん、ユーチューブ、スカイプ、ラインなどほとんどのことはできてしまいます。

そう！　タブレット本体さえ用意すれば、2年間だけじゃなくて、ずっと「実質0円」でタブレット運用ができるのです。この方法のいいところの一つは「固定回線なので、8GBまでなどの容量制限が一切なくなる」ところです。

8GB。インターネットを見るだけでしたら足りるかもしれませんが、動画を見たら一気に容量制限がかかる。ということがありませんか？

そんな不便からも一切解放されます！

キャリア契約を外してできなくなることと言えば……、

- **タブレットのキャリアメールが使えない**
- **4GやLTE回線ではなくなるので、外では使えない**

これだけですね。

通信費

そもそも主婦であれば、「タブレット」を普段の生活で外に持ち歩くことって少ないのではないでしょうか？　「タブレットなんて外で見ないよ」という方は、何も困りません。

現に私自身も1年以上固定回線のWi-Fiルーターでタブレットを見ていますが、何の問題もありません。インターネットが使えるのですから、やりとりもフリーメールを使えばいいですしね。

となると、「インターネットが家で見られるのなら、外で使うのはガラケーでも問題ない」という方もいらっしゃるはず。ということで、家ではタブレットを実質0円で見る。外出用は夫婦ともガラケーにしてしまえばよいわけです。

え？　外出先からもすぐライン返信したい？

それは「主婦」の特権を活かし「ごめ～ん、忙しくってすぐ返信できなかったの～」でOKでしょう。

Wi-Fi環境の整った場所では、通信回線がなくても不自由はしません。オリンピックに向けインフラが整えられますから、ますますWi-Fi環境は都心を中心に整っていくでしょうし、タブレットの使い勝手も広がります。

column 01 通信費

「格安スマホ」で通信費はさらにグーンと安くなる!

最近は、通信費節約のために「格安スマホ」を利用する人も増えてきました。格安スマホだと月の利用料を2000円前後に抑えることも容易なので、私も愛用しています。

スマホで通話やメールをするには「SIMカード」が必要ですが、このSIMカードを交換(=別の通信会社に乗り換え)することにより、利用料を安くできます。以前は手続きが煩雑でしたが、最近では家電量販店に行くと専用カウンターが設置され、簡単に手続きできる場合も多く、ずいぶんハードルが低くなりました。

ただ、通信会社を変えることで、従来の携帯電話会社ほどの手厚いサポートが受けられなかったり、キャリアのメールアドレスが消失したり……といったデメリットはあります。また、通話が多い人が格安スマホにすると家族割引などのシステムがなくなるため、逆に利用料が高くなることもあります。「LINE」などの無料通話アプリを利用する手もありますが、音質などに難があるので注意が必要。

こうした点を総合すると、格安スマホが適しているのは、通常LINEやメール、インターネットの閲覧を中心にスマホを活用している人、ということになりますね。

Chapter 2

日々の
積み重ねで
水道光熱費を
大きく削減

04 家電の買い替えの時期はいつ？ 省エネ家電をゲットしよう

光熱費

家電の買い替えの時期？　壊れたらに決まっているじゃないか――という人がほとんどだと思います。もれなく私自身、壊れてから買うタイプです。たとえば、掃除機あたりは、壊れてから買っても十分間に合いますよね。ただ、冷蔵庫や洗濯機などは、少しでも家にない期間があると、困ってしまうご家庭が大半でしょう。そこで、ここでは、〝壊れる前に買い替えたい家電を、どんなタイミングでゲットするか〟をテーマにお話ししましょう。

まず、今現在まったく壊れていない、余裕で使える家電に関しては、慌てて買い替えなくてもいいでしょう。最近は省エネ家電がたくさん出回っており、買い替えたほうが電気代が安くなる、と言われています。たしかにそれはそうだと思いますが、壊れていないものを買い替えるのは気乗りがしないですよね。壊れる予兆が現れたところで（冷蔵庫なら冷えが悪くなってきますし、洗濯機なら稼働が若干おかしくなることが多いです）、買い替えを検討すれば十分です。

わが家の場合、洗濯機も冷蔵庫も大体10年使って買い替えました。それくらいが、毎日フル活用する家電の寿命の目安だと言われています。

◎10年前の家電に比べれば、売れ残りでも十分〝省エネ〟

それにしても、家電ってちょっとでも古くなると、どんどん安売りされてしまうんですね。たとえ1年前に発売されたばかりのものでも、売れ残りは定価の2～3割引で、最新式の商品よりぐっと安く売られていることがあります。


ただ、わが家では「売れ残り？」とおぼしき他より安い家電を買い求めるのが暗黙のルールです。たとえば冷蔵庫。家電量販店に行くと、最新式の冷蔵庫が並ぶ中で、際立って安いものが必ずあると思います。

見ればすぐに「安い理由」はわかります。機能が超シンプルなんですね。

扉が観音開きだったり、瞬間冷凍機能が付いていたり、中の温度が扉に表示

Check!

型落ちの商品でも、新製品と変わらない性能のものは多いもの。自分に必要な機能が付いていれば、不要な機能が付いていて高額になっているものより、お得でよいものと言えるでしょう。

されるような目新しい機能は一切なし。デザインも地味。ただ、それまで使っていた古い家電よりは省エネ性能は高いはずです。

私は毎回そういった観点で安い家電を買っていますが、買い替えるたびに省エネ性能はよくなっているし、不便を感じたことはありません。

冷蔵庫（ファミリー用）なんて、9万円くらいで買えちゃいました。機能がシンプルでむしろ使いやすく、いい買い物をしたと思っています。

ちなみに、私が買った冷蔵庫は、「年間電気代の目安　6000円」となっていました。同じ売り場には、20万円くらいの冷蔵庫で「年間電気代の目安　4000円」というものもありました。

もちろん後者のほうが省エネ性能は高いですが、両者を10年使うものとして比較すると、9万円の冷蔵庫の10年間の電気代はおよそ6万円。20万円の冷蔵庫の10年間の電気代はおよそ4万円。両者の差は2万円です。ただ、冷蔵庫の価格の差は11万円！　電気代だけで言えばまったく元が取れません。

家電は本当に元が取れるかどうかも含めて選んだほうがいいですね。

買い替えるならどっち?

機能がシンプル
9万円

差
11万円

最新型
20万円

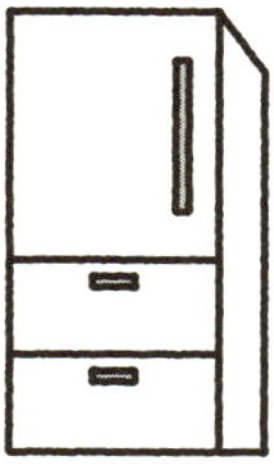

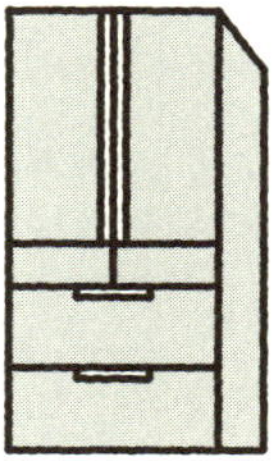

年間電気代
6,000円
×
10年

年間電気代
4,000円
×
10年

10年間の電気代
6万円

差
2万円

10年間の電気代
4万円

こう考えれば9万円のものでも十分!!

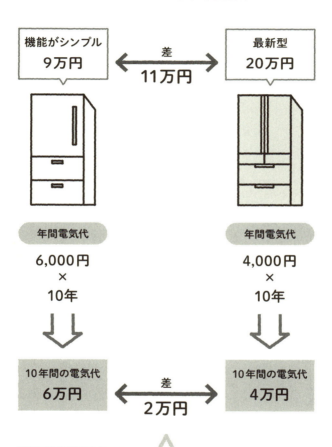

05 電気代をめっちゃ食う家電製品って何？

光熱費

テレビはあまり見ないし、使っていない家電のコンセントは抜いている。オール電化でもないのに、毎月電気代は1万円超。そんなご家庭は結構多いみたいです。なぜそうなるか？　それは、意外な「電気食い虫」のせいだと思います。

今、わが家はオール電化のため、夜間（深夜0時から朝8時）の時間帯は、電気代がものすごく安くなっています。なので、その「電気食い虫」は、その時間帯にできるだけ使うようにしています。

アパート暮らし時代を振り返ると、普通の20アンペア契約で、ガスも灯油も使う部屋でしたが、昔から節約好きだった私は、当時、電気代3000円台が普通で、夏場は（比較的夏も涼しい北海道暮らしなので）うまくいくと2000円台になったりしていました。

家庭向けの電力の自由化が2016年より開始。車に乗る家庭なら、ガソリン会社の電力を契約すると、ガソリン代が安くなります。通信会社やコンビニなどでも電力を提供しているので、さまざまなプランを検討してみてもよいでしょう。

ところが、ある年の1月。3000円台でずっと来ていた電気代が、いきなり6000円台に倍増！　驚いて原因を考えてみました。1月に通常と変わったことと言えば、子どもが軽い肺炎になったので、夜間だけ、加湿器を使っていたこと――これだけでした。

え？　でも、それ以外変わったもの使っていないよ。加湿器だって、フル稼働させてないし？　と10分ほど考えましたが、結論が出ないので地元の電力会社に電話してみました。そのときの会話はこんな感じです。

私「あの、電気代がいつも3000円台なんですけど、今月だけ6000円なんです。加湿器を夜につけただけなんですけど、何か違っていませんか？」

電力会社の人「加湿器ですか？　どこかにワット数が書いてありますよね？それ、教えてもらえましたら、今、計算しますので」

早速言われたとおりにワット数を調べて、計算してもらったのですが――なんと6000円で合ってる！　最後は電力会社の人に「いつもより多いときは、こうやって調べてくださいね」と優しく言われ、電話は終了したのでした。

◎問題の加湿器のワット数ってどのくらい？

ちなみに、この加湿器は390ワット。このくらいのワット数のものは、20アンペア契約の家で一日平均6時間ほど使ったら、3000円はかかると思っていてください（電力会社で多少差はあると思いますが）。冬場など、これくらい使うことは当たり前だと思いますが、電気代爆上げの元凶になります。

それから、あなどれないのがミネラルウォーターサーバー機。わが家のものは、平気で毎月1500円くらい電気を食っています（私は水を飲むためだけに、これだけ電気代がアップしてしまうの、本当はイヤなのですが、夫の仕事の付き合いでやむを得ずつけています）。

メーカーによって違うかもしれませんが、わが家のウォーターサーバーは、内部をきれいにたもつため「高温循環」というのを週一でやるんです。この高温循環のときのワット数は450ワット。今は、電気代の安い夜間に実施するように設定しています。

光熱費

それでも、ウォーターサーバーをつける前は、夏の電気代で６０００円台だったものが、ウォーターサーバーが来てから、８０００円を割るか割らないかになってしまっています。

ウォーターサーバーは、小さい乳幼児がいて、お湯をよく使う家庭などは便利かもしれませんが、そうでない家庭だと電気食い虫かも？

加湿器やウォーターサーバーに限らず、案外大きな電気食い虫って、あちこちにいます。こまめにコンセントを抜くなど、小さな電気の節約をするより、大きな電気食い虫を見つけて、そこから節約しましょう。

ポイントはワット数を見ることです。どの電化製品も、大体裏とかどこかに貼ってあるシールなどに書いてあると思います。書いていない場合は、取り扱い説明書には、記載があります。１００ワットを超えているものは、電気食い虫だと思ってください。

加熱するような家電製品は電気を食います。エアコンや乾燥機はその代表的なものですね。使い方には注意しましょう。その他に、意外と電気を食うのが温水洗浄便座です。こちらはご参考まで！

06 早寝早起き、昼間はよく動くのが節電成功の秘訣！

光熱費

「早起きは三文の徳」。

それはわかるが、なかなか起きられない。しかも「金銭面の得」なんてあるの?……と言いつつ、寝る前にスマホとかして夜更かししていませんか?

いいえ。早起きは三文どころか、月1万円以上の節約になってしまうのです。思い切って夜9時に寝てみたら、健康な人なら、普通に朝4時くらいには目が覚めてしまうはずです。

私の場合、夜9時に寝るようにしたばかりのときは、朝4時の起床がつらかったのですが、今は自然と目が覚めます。目覚ましも必要ありません。

朝4時に起きれば、家族が起き出すまでにだいぶ時間があります。なので、ゆっくり家事ができる。私の場合、冷凍してあるお惣菜と昨日の残りの煮物などを詰めるだけですが、お弁当を作っています（厳密には作っていない、詰めるだけのお弁当です）。

夕飯の残りや作り置きおかず（かぼちゃの煮物、切干大根、レンコン炒めなど）は冷凍しておいて、お弁当に。詰めるだけなので5分でできちゃいます。お昼代が1日500円、夫が仕事に行く平日が1カ月に24日だとすると、1万2000円の節約になります。

もちろん、毎日作るのが難しければ、おにぎりの日があったっていいと思います。だとしても月1万円くらいは節約できそうですよね。朝の5分で月1万円節約！　抜群の節約効果です。

私みたいな横着をしなくても、4時に起きることができれば、20〜30分でお弁当は作れるんじゃないでしょうか。ギリギリまで寝ていると、お弁当なんて作る気にもならないかもしれませんが、4時起きなら時間がたっぷりある感じなので余裕です。仮にお弁当作りに30分かかったとしても、24日お弁当を作ったとして、1カ月12時間労働。これで1万円が節約できれば、時給にするとお

作り置きは本がたくさん出ているように、メインのおかず、サブのおかずなど、冷凍保存が利くものが結構あります。夏などはお昼までに自然解凍するつもりでお弁当を詰めてもいいかもしれません。

よそ830円。悪くないお仕事でしょ。

また、朝の段階で昨日の残り物がないときなどは、主婦の方も自分のお昼を一緒に作ってしまうのがおすすめです。

主婦の方で、「自分のお昼はいつもマックやコンビニのおにぎりで200円程度で済ませている」なんて人、結構いるんじゃないかな、と思いますが、お弁当作りのときに自分のお昼も作ってしまえば、「200円×24日＝月4800円」も節約できます。

家で食べる場合は、旦那様のお弁当のウインナーをプラス3本、卵焼きを2人分作って、常備野菜プラスご飯。私はそんな感じにしています。この方法だと「節約って言うけれど、弁当の材料代がかかってるじゃん」と思われるかもしれませんが、それでも食費は大幅に増えません。

◎オール電化なら月1000円以上安くなる!?

4時起きになって安くなるのは、食費だけではありません。朝早くから行動することでもう一つ安くなるもの、それが光熱費です。

光熱費

オール電化のわが家では、夜間料金（深夜0時〜朝8時）は日中の電気代の半分以下になります（夜間料金が安くなる契約にしていない場合は、時間帯によって料金は変わりません）。そのため、夜は早く就寝して照明を消し、なるべく朝に家事を済ませることが、電気代節約の大きなカギとなります。

私の場合、夜9時に完全消灯をする前は、昼間の電気代だけでおよそ４５３０円かかっていました。早寝の習慣をつけた今は、昼間の電気代の平均が３３８０円まで下がっています。冬場は4時だと電気をつけなくてはいけないので、その分が夜間料金に上乗せされていますが、オール電化のため、夜間料金は半分以下で済みます。その分を加味しても、大体月１０００円、年間1万２０００円は節電できています。

ビバ！　早寝早起き！　体調だって快調です。

朝はお弁当作りの他、洗濯機を回しても4時半くらい。冬場は6時台まで真っ暗なので、つい二度寝しちゃうことも……。これじゃダメですね（笑）。

これは、日中に不在がちで、朝によく電力を使う生活スタイルの方に向いている電力プランです。今は週末だけ安くなど、色々な電力プランがあるようなので、生活スタイルに合ったプランを探してみましょう。

07 最近のLED電球は安くて、しかもすごい特徴がある話

光熱費

最近のLED電球はひと昔前に比べると、非常に安くなっています。

わが家は、新築したときに「省エネになるから」と、一部の部屋をLED電球にしました。新築したのはだいぶ前ですが、当時は大手ショッピングセンターでLED電球を購入し、1個1980円かかりました。これでも他と比較すると激安でした。ところが今では、LED電球なんて500〜600円で売っています。数年でサクッと4分の1価格。安くて長持ち。これなら、初期費用は普通の電球よりも高いですが、ダンゼンLED電球のほうがいいですよね。

ですが、いまだに「LED電球って、まっすぐしか光が届かないんでしょ？」「LED電球って、暗めな明かりなんでしょ？」と思っている人が多いような気がします。自分もそんな印象を持っていましたし、ブログでそんな風に質問さ

れたこともありました。

これだと敬遠してしまう人もいるかもしれませんよね。実際、使ってみた感想はどうかと言えば、これが〝全然逆〟。LED電球、超明るいですから！

◎30ワットのLEDでも明るさは60ワットくらい？

私が買ったのは「一般電球型30ワット相当・明るさ325ルーメン（ルーメンは、LED電球の明るさを表す単位です）」。消費電力は5ワットで、寿命は4万時間（私より長生きしたりして……）。

このLED電球を洗面所につけているのですが、びっくりするくらい明るいです。**家の電球って、60ワットくらいのものが多いと思うのですが、LED電球の場合、一般電球型の30ワット相当でも、実感としては60ワットくらいの力があると思います。**そのくらい、眩しいんです。今のLEDは広配光型などもあり、明かりが広く届くタイプも出ています。しかし、一般家庭の玄関程度の広さであれば、直下型（下しか照らせない安いもの）で十分。お値段も直下型が一番安いので、直下型で十分なところは直下型電球が基本です。


Check!

LEDは、わずかな電力で明るさを確保でき、かつ電球寿命が長いのが特徴。電気代がLED電球1個あたり月40円ほどと安いことと、14年ほども寿命が持つので、白熱電球で頻繁に交換するよりも節約になります。

08 ガス代をグーンと節約する調理方法

光熱費

わが家はオール電化ですが、かつてアパート暮らしだった頃に実践していたガス代節約調理法があります。この調理方法は、ガス代節約になるだけでなく、ガスコンロの空きを一つ増やす方法でもあって、一度にいくつもの料理を進行させているときには非常に助かります。ぜひ取り入れてみてください。

ガスコンロを使って調理する場合、調理時のガス代を節約するには、ガスを使う時間をいかに短くするかが大切です。ただ、味噌汁などで野菜をやわらかくしたり、カレーやシチューを煮込んだりするには、ある程度の時間、鍋を火にかけておく必要があります。しかし、この煮込みのときに、発泡スチロール箱を使えば、大幅にガスを使う時間を短縮できるのです。手順はこうです。

① まず、鍋に具を入れて、しっかり火を通す。強火にかけて煮立ったら、中火にして2〜3分。鍋をアツアツにしておく。

② その間に、発泡スチロール箱とバスタオルを用意しておく（箱の中にタオルを広げておく）。

③ アツアツの鍋を発泡スチロール箱に入れて、バスタオルでしっかりくるんでから、箱のフタを閉じる。

④ 30分ほど放置してチェックすると、すべての具がやわらかくなっている。

名付けて、「発泡スチロール加熱法」。こうすると、火にかけなくても鍋の温度をある程度たもて、熱湯で野菜をやわらかく煮ることができるのです。

これだと、ガスを使う時間を短縮できて、ガス代節約になるばかりでなく、最初にも書きましたが、コンロを占領されずに済むのも便利。最初この方法導入したとき、「めっちゃいろんな意味で画期的や！」と、感動しました。

大き目の発泡スチロール箱は、一般家庭ではなかなかないかもしれませんが、一度用意してしまえば、以後ずっと簡単に節約ができるのでおすすめです。

わが家では、この発泡スチロール加熱法で、味噌汁、カレー、シチューなど

箱や発泡スチロールを使った調理は、保温調理と言って、ガス代の節約に効果的です。医食同源のポイントである「栄養を逃がさない」調理方法としても知られています。

を作るのが定番ですが、煮物系など、色んなことに応用できます。

◎ゆで卵は沸騰から3分で火から下しても問題ナシ！

ちなみに、発泡スチロール箱がなくても、そのまま放置でバッチリ火を通せる料理もあります。たとえば、ゆで卵がそうです。

ゆで卵を作るときには、卵を入れた小鍋を15分くらい火にかけている人が多いと思います。ですが、小鍋に水と卵を入れて沸騰させ、吹きこぼれない程度の沸騰で3分茹でたら、もう火を止めてしまってOK。

そのまま30分くらい放置しておけば、しっかり固いゆで卵ができあがっています。もし、卵の数が多くても、沸騰させる時間は3分でOKです。

また、ほうれん草、小松菜、モヤシなどをおひたしにするときも、沸騰したお湯で1分ほど火を通したら、火を止めて放置すればバッチリ火が通ります。放置しすぎると煮えすぎて食感が悪くなりますが、ほうれん草であれば、1～2分で引き上げればちょうどよく火が通った状態にできあがります。放置料理はガス代も浮くし、第一ラクで本当におすすめです。

ガス代節約「発泡スチロール加熱法」

用意するもの

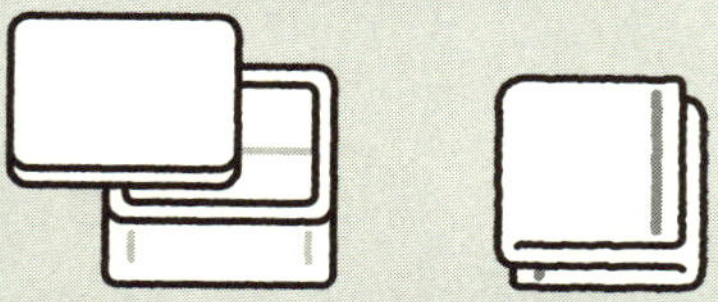

大きめの発泡スチロール箱＆バスタオル

Step1

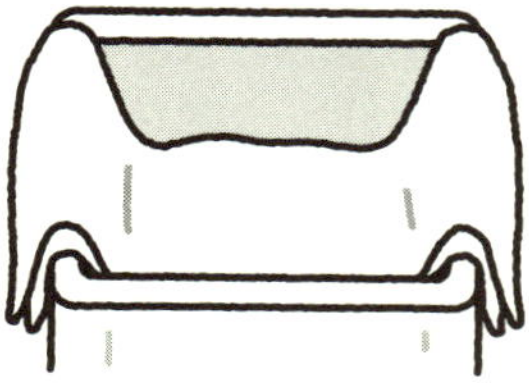

発砲スチロール箱に
バスタオルをセット

Step2

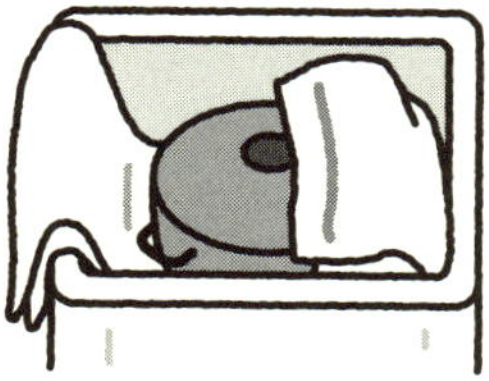

熱々のお鍋を
バスタオルでくるむ

Step3

蓋をしっかり閉めて
30分ほど放置すれば
できあがり♪

09 要注意!!「電気で乾燥機能」は電気代を食いまくる

光熱費

全自動洗濯機の「乾燥」、食器洗い乾燥機（以降、食洗機）の「乾燥」、どちらも、びっくりするほど電気代がかかります。ですから、洗濯機と食洗機で洗濯物や食器を乾燥させるのはNG！

ただ、そんなこと言われても……とお思いかもしれません。そこで、ここでは乾燥機能を極力使わないためのコツを紹介しましょう。

北海道の場合、6月、7月でも、湿気はいつもよりは高いですが、洗濯物を外に干して乾かすことは可能です。

そのため、私はたとえ曇っていても、今すぐ雨が降りそうでも、「後1時間で雨が降るよ」と天気予報で言っていても、雨が落ちてこない限りは、絶対に外に干すことにしています。ちなみに台風みたいな強風のときでも干しています。

というのも、洗濯物は、最初の数時間でどれだけ乾くかが命、だと思うのです。湿気が高い日に外に干しても、なかなか洗濯物は乾きませんよね。1時間干したくらいでは、まったく変化が見られなかったりします。

ですが、どんよりした空模様で、湿度80％くらいのときでも、3時間ほど外に干しておくと、明らかに、ずっと部屋の中に干ししていたときとは乾き方が違うのです。


先ほど、強風のときにもあえて外に干す、と書きましたが、風が強いと、2時間くらい干しただけでも、あらかた乾きます。

私的には強風は洗濯するのに比較的いい気候です（洗濯物が飛ばないように、対策する必要はありますが……）。


本州の湿気は北海道より高いとは思います。しかし、雨さえ降っていなければ、固定観念を捨てて、思い切って外に干してみませんか？　そのほうが、ずっと部屋干しより乾きやすくなるものですよ。

東京あたりでは、少々の雨であれば洗濯物は外干ししているご家庭も多いもの。最近は乾燥機を使うよりも節電やエコを考えて、自然乾燥しようとする傾向が強くなっています。

◎食洗機の乾燥は、厳禁

続いて、食洗機を使っての食器の乾燥。これもいらないと思います。食洗機は、食器を洗うところまででやめておきましょう。

「ああ、うちの食洗機、標準で乾燥までしちゃうから」

という人もいるかもしれません。ですが、設定次第で乾燥はせず、洗いとすすぎで終わらせることも大抵できます。

洗浄が終わったら、フタを全開にして自然乾燥。これだけで終わらせれば、食洗機にかかる電気代は非常に少額で済みます。

自然乾燥がイヤなら、洗浄後の熱が冷めてから、すぐに自分で食器を拭けばいいと思います。

面倒くさいですか？　と言うか、乾燥機能を使うと、どれだけ電気代が変わるかが気になるところですかね。本当に高くなるんですよ。

52ページで、加湿器が電気食い虫であることをお話ししました。わが家の場合、加湿器が３９０ワットで、これを1日6時間使ったら、月３０００円かかってしまいました。これに対し、食洗機の乾燥機能で要するワット数はどれくらいなのか？　わが家の食洗機に関して言えば、なんと１２００ワットです。加湿器なんて目じゃないですよね？

イメージとしては「ドライヤーを1時間くらい使う」みたいな感じでしょうか（ドライヤーもワット数が高い家電です）。

百歩譲って、洗濯物はどうしても乾燥機を使う必要が生じる場合もあるかもしれませんが、食洗器を乾燥させるのは必須ではありませんよね。これをやめるだけで電気代を大きく節約できる。このことをぜひ覚えておくといいでしょう。

Check!

電気ストーブでも、常時使っていると、びっくりするほど電気代が上がります。そのワット数は１２００ワットである場合が多いです。電化製品はワット数を見ながら、加減して使用したほうがよさそうです。

10 水道代節約の基本＋αを教えます

水道代は、工夫とちょっとした知恵でグーンと違ってくるので、本気でやりだしたら、結構面白い節約分野だと思います。

まず、必ず取り入れたいのは「節水シャワー」。今はどこでも節水シャワーヘッドが売っていますが、普通のシャワーヘッドと交換するだけで、ある程度節約効果が得られます。

また、洗濯にお風呂の残り湯を使う、というのも基本中の基本ですね。汚れたお湯で洗濯するのに抵抗がある場合、すすぎだけ真水にして、洗いは残り湯でする、という具合に使い分けてはどうでしょう。

その他、**意外と使っている人が多いのが、台所の水です。勢いよく水を出していると、知らず知らずのうちに水道代がかさんでしまいます。**使っているか

台所の水は、洗い物の際に流しっぱなしにすることが多いです。こまめに止める習慣をつけるようにし、さらに節水タイプの蛇口に変えるなどで、効果を上げるのもよいでしょう。

水道代

も、という自覚がある人は、蛇口にくるくる回してつけられる「節水コマ」を利用するのもいいですね。

私も、かつてアパート暮らし時代につけていました。つけられる蛇口が決まってはいますが、もしつけられそうなら試してみてください。

◎なぜか水道代が高い……もしかしたら漏水かも?

こうした工夫をしても、「水道代がなぜか安くならない!」という人もいるかもしれません。私も相談を受けたことがあります。

水をムダ遣いしていないのに水道代が高いときは、水漏れを疑ってください。

私は以前、蛇口からたまに水漏れする古いアパートに住んでいたのですが、一軒家の今のほうが水道代が安くなりました。浴槽は以前の2倍近く大きくなっているのに……です。つまり、ポタポタ程度の漏水でも、1カ月単位では相当な水のムダ遣いになっていた、ということです。なので、今賃貸住宅に住んでいる人で、少しでも水漏れがある場合は、すぐに大家さんに直してもらいましょう。持ち家の人も、もちろん漏水はすぐに修理してください。

11 水道代も電気代も節約できる食器洗いのコツ

水道代

節約しながら食器を洗うコツはいくつかあります。

まずは、洗う前に汚れた食器を一カ所に集めておくこと。テーブルの一角でもOKです。全部の食器を流し台に入れてしまうと、あまり効率的に洗えないと思いませんか？　洗いながら「フライパン邪魔〜！　鍋邪魔〜！」という感じになりがちで、それらをどける間に水を流しっぱなしにしていたら、水のムダ遣いになります。もちろん、ムダに時間も食ってしまいます。

なので、まずは洗い物を全部集める。そこから、汚れの少ない食器だけ流し台に移して、洗い始めるようにします。私の場合、夫の弁当箱なんか、ボーッとしていると集め忘れて、後で見つけてガックリ……なんてことになりがち。これでは洗うのがイヤになってしまいますし、また新たに電気をつけて、水を使って……となると、余計に電気代も水道代もかかってしまいます。

◎残り物などは保存容器に移して、すべてを集める

洗い物を集め終わったら、食事の残り物を保存容器などに移す作業へ。これを後回しにして先に食器を洗うと、当然ながら後でまた洗い物が出てしまいますよね。洗い物は全部まとめることが大切なので、食器洗いを開始する前に、鍋や皿は全部空けてしまいます。揚げ油の処理なんかも、この段階で終わらせましょう。それらが終われば、後はとにかく洗うだけ。洗うだけに集中できるようにしておいたほうが、作業がスムーズに進み、時短につながります。

水道光熱費は全部そうですが、使う時間を短くするのが、一番の節約なんです。スムーズに洗い物ができる状況を作れば、出す水の量を減らせる。夜であれば、大抵は流し台を照らす照明をつけるはずなので、洗い物の時間を短くすることで、照明の電気代も節約できます。私が新婚の頃は、夜の洗い物に軽く1時間近くかかっていました。今思えば、水道代も電気代もムダにしていましたね。効率よく家事をすることは、やっぱり何より重要です。

電気を使う時間を短くすることはもちろん大切。ただ、頻繁なON、OFFは、何度も初動の電力を使うことになり、節約効果が上がらないことになるので、次にすぐ使うのであればつけたままにすることも必要です。

12 「元を絞って」水が出る量を少なくする方法

水道代

「こんなに使ってないはずなのにな〜」と、2カ月に一度の水道代を見て悩んでいる人、多いのではないでしょうか？

70ページで漏水の可能性について触れましたが、漏水もしていないのに、なぜか水道代が高いという家庭もあると思います。私の実家がそうでした。

私の実家は、母のほぼ一人暮らしにもかかわらず、1カ月の水道使用量が30㎥（3000リットル）にも及んでいたんです。これって、3人暮らしのわが家のおよそ3カ月分……。「一人でどうやってそんなに水を使うの!?」っていう感じですよね。それで首をかしげていたあるとき、家に何かの用で来た水道屋さんに母が、「うち、水道代が高くて困っているんです」と言うと、水道屋さんはこんなことを言ったそうです。

「それじゃ、元栓を少し絞っておきますね」

すると、その後の水道代がどうなったかと言えば、母いわく劇的に安くなった、とのこと。今まで水道使用量が1カ月に30㎥だったのが、17㎥程度まで減ったそうです。

◎自分で元栓を絞ることはできる！

私はそれまで知らなかったのですが、水道の元栓は全開にしておく必要はなく、少し絞って（狭めて）も十分使えるそうです。その分、水の出は少し悪くなるかもしれませんが……。常識なのかもしれないですが、私は「そんな方法があるんだな」って、驚きました。

ちなみに、元栓は自分で絞ることもできます。アパートなどは難しい場合もあるかもしれませんが、一戸建てなら大抵は可能です。キッチンやお風呂、トイレの蛇口の近くに栓のようなものがあるはずなので、まずはどのくらい開いているか確認を。そして、それをちょっと絞って、様子を見ながら使いましょう。いきなり大幅に絞るのではなく、ちょっとずつ絞るようにしてくださいね。

一回に出る水の量を減らしてもらうと、水道代は節約できます。元栓を絞るという方法もありますが、水の出口を節水タイプにするということでも同じような効果はあります。

column 02 光熱費

「電力自由化」によって電気代は大幅に安くなる?

電気代を考える上で最近話題になっているのが「電力自由化」です。規制緩和で、2016年4月からは電力会社以外の会社も電力販売の権利を持てるようになりました(ちなみに2017年4月からはガス自由化も開始予定です)。

ただ、自由化後も発電するのは依然として電力会社です。電力販売に名乗りを上げた会社は、大半が自前の発電所を持ちません。そのため、電力会社から電力を買い、従来のインフラを借りて各家庭に供給する形をとります。つまり、利用者からすると大きく状況が変わるわけではないのです。

ただ、これまで電力は自由に値付けできませんでしたが、自由化後は販売会社が自由に値段を設定できるようになったため、料金が多少引き下げられています。まだ電力会社を乗り換えていない人は、他社から電力を買うことで、電気代を引き下げられる可能性があります。

しかし、現状はまだ自由化が開始されて間もない上に、電力供給の原価が元々高いため、大幅な節約は期待しづらい状況です。それでも、今後格安の会社が登場したり、ガスの自由化とセットでお得なプランなどが出てくるかもしれないので、動向に注意しておきましょう。

Chapter 3

固定費削減は保険の見直しが効果あり

13 安い終身医療保険を掛け続けるべき？

保険

ひと昔前には、1カ月で万単位の保険料がかかる医療保険もよく見かけました。最近は、もっとずっと安い商品もたくさんあるので、高額な医療保険は不要だというのが定説です。

私もその意見には賛成です。特に、現役を引退して年金生活に入ったら、そんな高い保険はまずいらないでしょう。

たとえば、私の両親は〝現役の頃と同じ保険料で、内容だけ組み替える〟という見直し方法を保険屋さんにすすめられ、定年後にそれを実践しました。見直しの内容は、現役時代より死亡保障を安くする代わりに、入院費が多く出るようにしたそうです。また、母が無保険だったので、母の入院保障もつけていました。

この**「死亡保障を安くして、入院の保障を厚くする」という変更自体は、正しいことだと思うのです。**でも、両親は現役の頃、毎月1万８０００円くらいの保険料を払っていたので、年金生活に入ってからも、この保険料はほぼ変わらないということになります。まあ、払えないことはないでしょうが、年金生活の中から毎月支払う固定費としては、高いですよね。今、私の父は64歳。これから10年間で掛ける保険料は、実に２１６万円です。

私自身の保険は、そんな両親とは対照的です。夫婦２人で終身医療保険（終身払い）に加入しており、保険料は一生今の金額から変わりません。夫婦２人分の医療保険の保険料は、月３５００円です。

月３５００円だと、仮に私が今の父の年齢である64歳になったときは、そこからの10年間で42万円払うことになります。これだって結構高いですが、私の両親が支払う10年分の保険料に比べると、１７４万円も安いことになります。

保険料の高い保険は、たしかに保障が手厚いのだと思います。だとしても、給与所得がなくなり、倹約して過ごさなければならない人が多い年金暮らしで、こんなにも保険料を支払うのはもったいない。そう思いませんか？

Check!

死亡保障は、残された家族への保障。だから子どもが巣立った後に死亡保障を下げ、老後の病気に備えて入院保障を厚くすることは正解ですね。その場合、他社と比較することで、保障内容は同じまま、もっと保険料を安くすることもできるでしょう。

◎安い医療保険は本当にいらない？

ただ、わが家の医療保険は終身払いで契約しているので、一生この金額を支払うとなると、金額としては大きくなります。

老後の年金生活では、少しでも固定費を節約したいもの。よって、ほどほどにしか保障のつかない、安い医療保険はいらない――という意見もあるはずです。しかし、個人的には、月３５００円くらいは何とか払い続けようと思っています。なぜなら、たとえ保障は薄くても、一生ずっと続く保険があると安心かも、と思うからです。

というのも、私は以前、パニック障害で21日間入院した経験があります。入院期間が月をまたいでしまったので、自己負担は12万円になりました。**なお、医療費は、月の支払いが一定金額を超えると、健康保険の「高額療養費制度」の対象となって払い戻されますが、入院がふた月にまたがると、自己負担が増えやすくなります**（左下図参照）。12万円という金額自体は貯蓄から出せましたし、すぐさま明日の生活が苦しくなるような状態でもありませんでした。ただ、ひ

Check!

入院・治療などが月をまたぐと、医療費は高くても高額療養費制度が適用できないケースも出てきます。ただ、家族で医療費を２万１０００円以上負担をした人がいると合算できるので、月内で上限を超える場合は申請しましょう。

保険

とたび入院してみると、お金には強気でいたはずの私でも、結構弱気になるんです……。「長い入院初めてだな。いくらかかるのかな？　聞いてみたいな。でも聞けないよね……」などなど、色んな思いが駆け巡りました。医療費が12万円かかったというのも、退院時にわかったのであって、退院するまではいくらになるのか全然見当もつかなかったのです。

「高額療養費」の制度があるとわかっているのに、やっぱり心配になってしまった経験を踏まえ、月3500円で「精神的な安心」が買えるのなら、これからも払っていこうかな……と今は思っています。

医療費が月をまたぐと高額療養費はどうなる？

自己負担限度額8万100円の人が窓口で15万円支払った場合

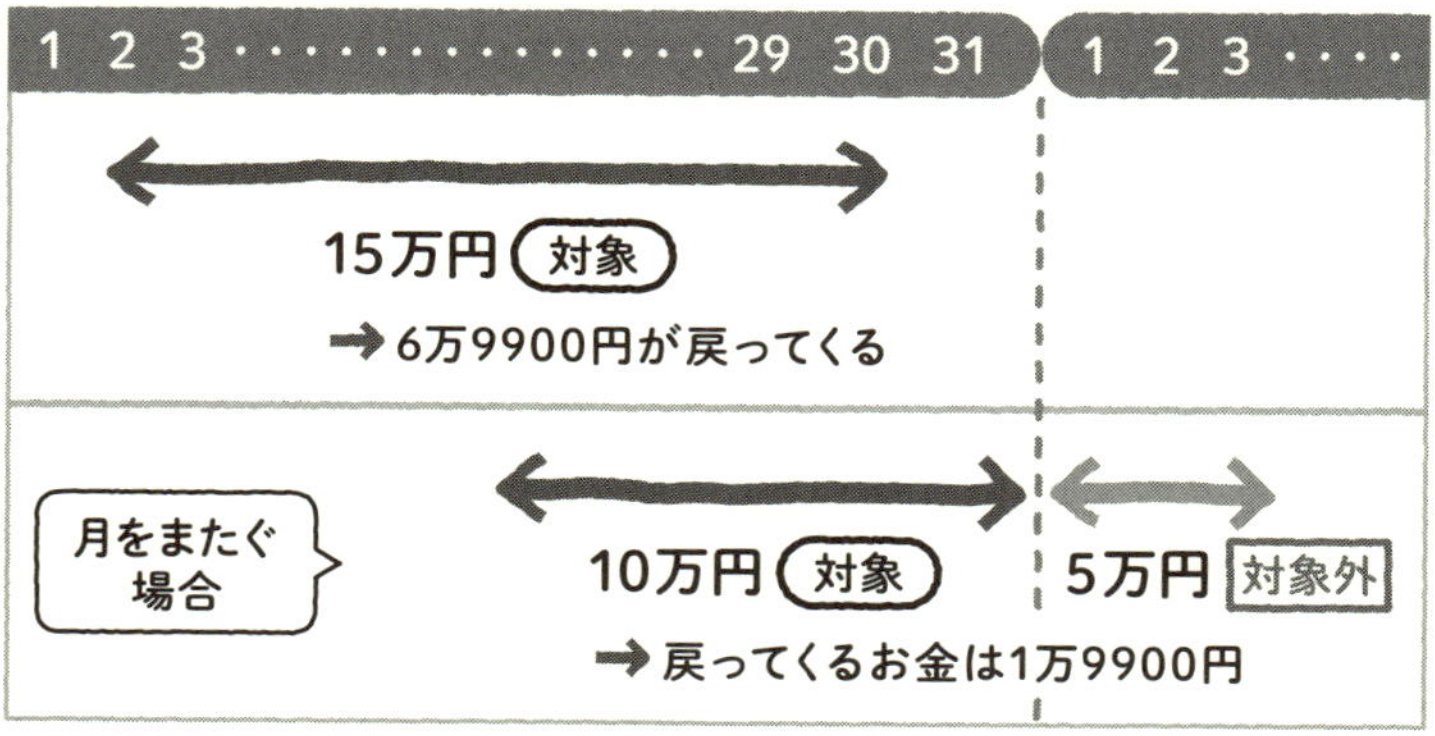

出典：『「がんで困った」ときに開く本』（朝日新聞出版社）を基に作成

14

貯蓄か掛け捨てか、医療保険はどれを選択する!?

入院時にお金が出る医療保険や、死亡時にお金が出る生命保険には、

- **イザというときの保障だけが目的の保険**
- **保障をつけながら貯蓄も目指す保険**

の2種類があります。

保障だけが目的の保険は、掛け捨てとなる代わりに、月々支払う保険料が安いのが特徴です。

一方、貯蓄型の医療保険のほうは、保険料が掛け捨てにはなりません。そして、「(60歳など)一定年齢まで入院しなかった」などの条件を満たすと、払い込んだ保険料が目減りせず、むしろ増えて戻ってきます。

仮に、60歳までの間に入院して、医療保険から保険金を受け取ったとしても、

保険

払い出した金額分が引かれて、保険料が戻ってくる仕組みの商品が多いです。

このような説明を聞くと、「掛け捨ての保険より、貯蓄型の医療保険のほうが絶対お得じゃないか！」と感じるかもしれませんね。

ですが、どちらがお得かどうかは、人それぞれの環境次第で変わってくるものだと思います。

◎何かのときにすぐ使えるお金を作るのが、最優先！

一見魅力的な**貯蓄型保険で注意したいのは、「60歳」などの決まったタイミングにならないと、基本的にはお金を引き出せないところです。そこが、〝貯蓄〟とついてはいても、預貯金とは異なる点です。**

もし、急病で大金が必要になったり、急に失業したりしてお金がどうしても必要になったときなどは、解約することも可能ではあります。ただ、中途解約は元本割れする可能性が大なので、注意しなければなりません。

人生、いつ何が起こるかわからないので、貯蓄がない人が、保険にお金をドーンと入れてしまうのはリスキーです。

貯蓄型保険は強制的な貯蓄ができることはメリットですが、保険料が高い、中途解約で元本割れ、などのデメリットのほか、インフレリスク（満期時のお金が、契約した時の価値よりも下がってしまう）があるので注意が必要です。

私自身、以前は「体力はないけど、長く入院するような大病はしないでしょう」なんて思って生きていましたが、ある日突然「パニック障害」になって、予想外の入院21日間……。

このときは、医療保険に加入していたので、保険金はもらえました。ただ、通常、保険の手続きは退院してから行うので、退院時の支払いは自分の財布から。精神科の入院で、点滴などの医療措置が少なかった（入院時に発作を止めるときしかしなかった）ので、12万円程度で済みましたが、四六時中点滴しているような病状だったら……と思うと、恐ろしいです。

ということで、このようにお金がいきなり必要になることは、誰の人生にも幾度となくあるものです。自分か家族が心筋梗塞などの大病で急に倒れたとき、病院の窓口で十数万円のお金が必要になるかもしれません

そんなとき、仮に貯蓄が10万円くらいしかなかったら、もう借金するしかなくなります。ですから、貯蓄が乏しい状態のときは、貯蓄型保険への加入はおすすめできないのです。

では、**どれくらい貯蓄があれば、貯蓄型保険に加入してもいいか……ですが、ざっくり言って、「家の貯金総額」が最低でも200〜300万円くらいはあったほうがいいと思います。それが用意できていない人は、必要最低限の掛け捨ての保険で、医療費対策をしておいたほうがいいでしょう。**

もちろん、保険商品として見れば、貯蓄型保険のほうがお得ではあります。掛け捨て保険が安いと言っても、たとえば月１８２０円の保険料だったとして、40歳から60歳まで払い続ければ、44万円ほどの大金となります。この分は、入院しなければ一切返ってきません。

病気になりたくはないですが、払った保険料が一切戻ってこないというのも何だか残念な気がしますよね。それならば、保険料が多少高くても、後から戻ってくるほうがお得だと思うのもよくわかります。

ただ、前にも書いたように、いつ何が起こるかわからないのが人生というもの。いざというときにお金の面で損をしないで済むように、あらゆる選択肢を見据えて、経済的に無理の生じない保険選びをするのが大切だと思います。

貯蓄が十分にない人ほど、万が一の病気に備え、医療保険に加入することをおすすめします。貯蓄を保険で作ろうとする人もいますが、前述のリスクを考えるとおすすめできないですし、マイナス金利の今は、あまりメリットがありません。

Check!

15 貯蓄型保険は本当にお得なの？

前の項目で「貯蓄型保険」について触れました。復習しておくと、貯蓄型保険とは、満期日、あるいは一定のタイミング以降に解約すると、払い込んだ保険料以上にお金が戻ってくる保険のことです。

貯蓄型の保険には色々と種類がありますが、今一番売れているのは「低解約返戻金型終身保険」というタイプの保険です。

低解約返戻金型終身保険は、万が一の死亡保障も兼ねながら、貯蓄としての役割を果たすという商品です。名前に「終身保険」とついているので、保障は一生涯続きます（保障が一定期間で終わる保険は「定期保険」です）。

「低解約返戻金型」の部分がわかりにくいかもしれませんが、これは〝保険料の支払い満了時期までに中途解約をすると、戻ってくるお金が払い済み保険料

低解約返戻金型も貯蓄型ですが、満期までの期間を短く設定でき、満期後に据え置いてさらにお金を増やしていくこともできるので、老後資金をはじめ、教育資金などを作りたい人にも人気があります。

保険

に対して大幅に少なくなる〝損をする〟ことを意味します。その代わり、保険料を払い終わった後は、解約返戻金の返戻率が高くなります。

　イメージしやすいように、例を挙げます。たとえば、ある人が30歳で契約、60歳満期で低解約返戻金型終身保険に加入するとしましょう。条件は図のとおりです。

　この人が60歳までに死亡してしまったときは、この保険から１０００万円の死亡保障が出ます。60歳まで生きていて保険料の支払いを終えれば、解約したところで掛け金より多い返戻金を手にできます。60歳で解約すれば７７０万円です。解約しないで置いておくと利子が上乗せされるので、70歳まで置いてか

低解約返戻金型終身保険のシミュレーション

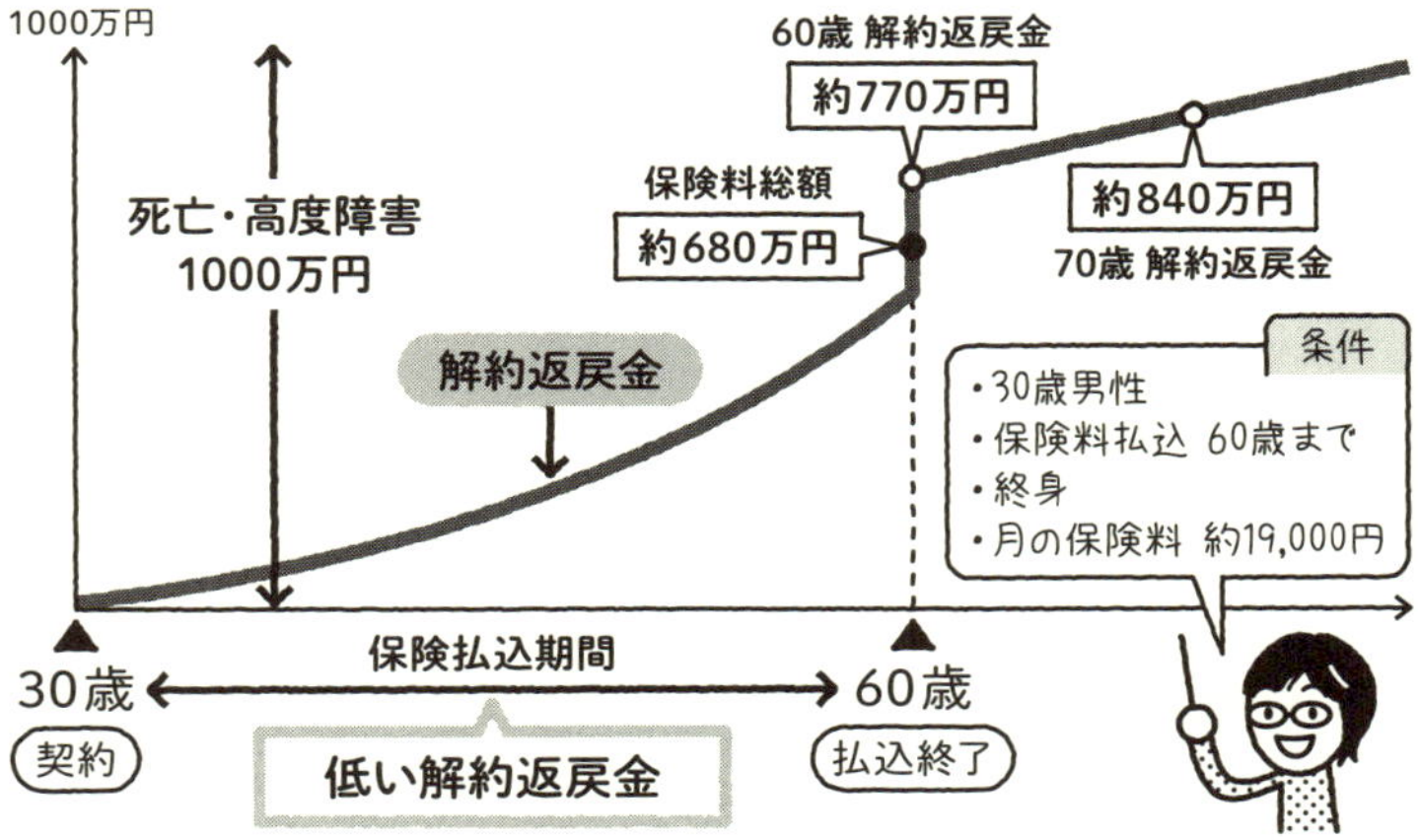

※アクサダイレクトのシミュレーションを基に作成

ら解約すると、返戻金は８４０万円になります。

　つまり、低解約返戻金型終身保険というのは、死亡保障にもなりますが、基本的には「老後の貯金」にもなる保険で、貯蓄性があるのは間違いありません。

◎低解約返戻金型のデメリット

　低解約返戻金型終身保険が特に向いているのは、自営業者・個人事業主などで、老後の年金が少ないと予想されるような人です。中でも、現役時代（つまり現在）は十分に家計に余裕があって、保険料を無理なく支払える人にはピッタリです。ちなみに、生命保険の保険料は「生命保険料控除」の対象になるので、税金対策にもなります。

　ただ、わが家もそうなのですが、この保険、サラリーマン家庭には必ずしも〝うってつけ〟とは言えません。なぜなら、先ほどの例を見ればわかるように、**30歳で加入する場合で〝月約1万9000円〟など、決して安いとは言えない金額が、長期にわたって固定費として支出されることになるからです。**

　保険料の支払いが苦しくなって中途解約すると、大幅に元本割れして損をす

保険料は家計の負担になりますが、やりくりをして支払いを続けられるのであれば、加入して損はないと思います。家計のムダな部分を見つけ保険料に回すなど、払い続けられるようなやりくりの仕組みを作っておくことも重要です。

るので、無理して加入するのはＮＧです。

老後が不安な人は多いかもしれませんが、サラリーマンの場合、厚生年金に入っているはずなので、自営業の方のように、若いうちから自分で計画的に老後の貯金をしなくても、最低限の生活は保障されています。

そのため、低解約返戻金型終身保険は、お得と言えばお得な商品なのですが、基本は自営業の方や、月に20万円くらい貯蓄できるような共働き夫婦などに向いている商品なのかな、と感じます。

ちなみに、私の親の話ですが、「低解約返戻金型終身保険」だと思って加入していた保険が、実は返戻金が出ないタイプの保険だった――ということがありました。事前に説明は受けたと思うのですが、理解していなかったようで……。

ですから、基本的なことですが、保険は加入前によく調べて、商品性を理解してから入るのが必須です。

もし担当者がいるのであれば、説明を聞くだけでなく、見てすぐわかる計画書（いつ、どのタイミングで満期になり、解約返戻金がどれくらい出るかなどをまとめたもの）を作ってもらうのがベターです。

16 学資保険はどんな商品がいい？

保険

子どもがいる家庭ならおなじみの学資保険ですが、大きく分けて2つのタイプがあります。それは元本割れするものと、しないものです。

一般的には、元本割れしない保険が人気。支払った保険料よりも2割くらい増えて満期金が戻ってくる商品も目立ちます。銀行に預けておいてもほとんどお金の増えない今の時代、これだけ高金利なら、入って損はないと思います。が、私が加入しているのは、元本割れをするほうの学資保険です。なぜ元本割れする保険に入ったかといえば、義母のおすすめだったから。実際、夫が幼い頃に義父が倒れたときは、学資保険にずいぶん救われたと話していました。

わが家の学資保険は、子どもの中学入学時に10万円、高校入学時に10万円、18歳になったときに80万円で、合計１００万円を受け取れる商品です。さらに、子どもの入院保障の特約もついています。保険料は「年払い」で払っているので、「月払い」よりはいくらかお得になっていますが、年間5万9531円（これは児童手当などの子ども用貯金からねん出）です。ということは、

●5万9531円×17年（1歳で加入したので）＝101万2027円

つまり、もらえるお金よりも1万円強多く支払うことになります。

元本割れしないタイプの学資保険は、子どもの入院などの保障がついていないものが大半で、わが家の保険はその点が特徴的かもしれません。ただ、**子どもの入院保障……今のところまったく役に立ちません！　結論としては、子どもの場合、自治体からの医療費補助もありますし、学資保険で入院に備える必然性はないと思います。元本割れしない（保障のない）学資保険で十分です。**

ただ、学資保険自体に入るか迷っている人には、加入をおすすめします。学資保険に入っておくと、保険料を払っている親が死亡したり、高度障害を負ったりしたときには、保険料を支払う必要がなくなり、満期時の保険金はそっくりもらうことができるからです。親の万が一の事態に備えるためにも、学資保険（元本割れしないタイプ）、検討する価値があります。

Check!

子どもの医療費助成は、自治体により内容が違うので要確認です。たとえば、東京23区では中学校を卒業するまで医療費は無料ですが、自治体によっては小学校に入学すると医療費がかかるようになったり、通院回数や金額が決まっている場合もあります。

17 安い掛け捨て保険で大きな節約を！

終身保険、学資保険と、貯蓄型の保険の話が続きましたが、「貯蓄は現金でする。保険で貯めようと思わないから、最低限の保障さえ用意できればいい」という人も、きっといますよね。

私自身も、死亡と医療の保険で貯蓄する気はなく、掛け捨て保険で保障を準備しています。通販型（インターネットや電話で申し込みができ、保険の営業マンなどと対面する必要がない保険）の保険や共済で、保険料の安いものを厳選しました。通販型の保険は、営業マンなどの人件費が抑えられる分、保険料が安く設定されているんですよ。

さて、わが家の保険（学資保険などの貯蓄型保険を除く）の保険料は、次のとおりです（年払いしています）。

保険

【保険料内訳（1年分）】

- **夫の生命保険……2万1410円**
- **夫の医療保険（33歳で加入）……2万1850円**
- **妻の医療保険（31歳で加入）……2万10円**
- **子どもの医療保険（7歳で加入）……1万2000円**

夫の生命保険は死亡保険金が700万円です。夫婦とも、医療保険は終身タイプで入院日額5000円、手術給付金10万円が出るタイプ。

ちなみに、**医療保険ではケガの保障は手厚いけど、病気だと保障が少ないタイプもあるのですが、どちらも同額のものを探すことを強くおすすめします。**子どもの医療保険も終身タイプで入院日額は6000円です。

これらを合計しますと、年額計算で7万5270円。月額に直すと6280円（家計簿には切りのよい数字の6500円で記載しています）。3人分の保険料としては安く済んでいます。

通常、一生涯保障が続く終身保険は、保険料が高くなります。死亡保障は子どもが小さいうちだけでいいけど、入院の保障はずっとないと不安だという人

こくみん共済などの場合は、ケガの保障のほうが手厚くなっていますが、民間の医療保険ではケガをしても病気をしても保障内容は同じです。保険は掛け金の安さだけではなく、保障内容をきちんと確認して契約しましょう。

は多いですよね？　でも、高い保険料は支払えない……。

そんなとき、解約返戻金などが一切戻らない掛け捨て保険であれば、終身タイプの医療保険でも、わが家のようにお安く加入できてしまいます。

◎夫の保険だけ分厚くて家族はスカスカ……はNG！

ところでみなさん、奥様の医療保険、ちゃんと掛けてますか？

実は実家がそうなのですが（お金の悪い例では、とっても出しやすい私の実家……）、夫の保険のみ掛けている家庭、案外多いようです。


ただ、当然ながら妻も入院する可能性はあります。妻が専業主婦の場合、生命保険（死亡保障）は大黒柱である夫のみでもいいかもしれませんが、医療保険はあったほうが安心です。潤沢に貯蓄がある場合を除き、入院日額５０００円の最低限のタイプで十分なので、加入を検討してもいいでしょう。

私自身も思いがけず30代で入院しましたが、月額１６７０円くらいの医療保険で、21日間の入院で10万５０００円もらえました。その時点で数年しか掛け

保険

ていなかったので、私の場合は元金以上いただいたことになります。
安い掛け捨て保険ではありましたが、保険金はすぐに出ましたし、多少のアシは出ましたが、入院費用を支払う上で10万円以上もらえたのは、とてもありがたかったです。この保険、もちろん今でも加入し続けているのですが、保険料は一生変わりません。終身保険は、定期保険とは異なり、保険料がずっと一定なのが特徴です。

私の場合は年払いなので、前にも書いたように2万10円を一気に支払っているのですが、月額では1670円ほど。これなら老後もそんなに負担になりません。もし、**定期保険に加入していて、60代になってからその保険を更新したいと思うと、保険料がとんでもなく跳ね上がる可能性が大です。**

もし、みなさんが「これから医療保険に入ろうかな〜」「今の保険を見直したいな」と思っているなら、通販型・掛け捨て・終身タイプの医療保険がイチオシです。掛け捨てがイヤだと思っている方、掛け捨てで保険料が節約できた分、貯蓄に回すと思えばいいんです。一生の保障を手軽につけながら貯蓄もできると思えば、掛け捨て保険は決して見捨てたものではありませんよ。

定期保険は、期間が満了すると更新できるものがほとんどです。告知などは必要ありませんが、更新時の年齢や保険料率で計算されるので、更新のたびごとに保険料は上がりますので、チェックは必要です。

18 がん保険は本当に必要なの？

ここまで「医療保険は必要」という前提でお話ししていますが、実際必要なのかどうなのか、疑問視する声もありますよね。たしかに、お金持ちであれば、保険で備えなくても大概の医療費は支払えるので、保険は不要です。

では、どのくらいお金があれば「保険ナシでもＯＫ」と言えるのでしょう？

専門家の意見、あるいは身近な人の例なども参考した私なりの結論は、**どんな病気でも「医療費に使える貯蓄として１５０万円くらいあればまかなえる」というものです。**１５０万円あれば、がんになって抗がん剤治療が長引いたとしても、おおむね不足はないでしょう（もちろん、１００％ＯＫとは言い切れません）。

ただ、夫婦２人分の医療費を確保するのであれば、１５０万円では足りない

Check!

貯蓄があれば医療保険に入らなくてもよいとも言われますが、30代、40代は、貯蓄額より負債（ローンなど）のほうが大きいというデータもあります。その中で医療費用の貯蓄を作るのは大変であることも理解しておきましょう。

保険

ので、230万円くらいは必要です（若いうちは2人が一度に重病になる可能性は低いので、1・5倍計算にしました）。

夫婦で230万円というのは「家の全貯蓄が230万円あればいい」という意味ではなく、〝医療費のみに〟使える貯蓄という意味です。そのため、教育費などの貯蓄は別として、230万円が必要になります。となると、一般家庭では結構ハードルが高いかもしれません。この貯蓄が用意できるまでの〝つなぎ〟として、医療保険やがん保険に加入するのも得策でしょう。

◎がん保険は、症状によってはおりないケースもある

がんの不安に備えるために、医療保険ではなくがん保険に加入する人も多いと思います。たしかに、がんは抗がん剤治療が長引いたり、再発したりする例も多く、医療費がかさみがちです。

しかし、がんの種類によってはがん保険の対象外になることがあります。あるいは、がんで入院しても、がんによって誘発された心不全で亡くなったときなど、死亡保険金が出ないケースもあります。

このように、保険では何もかもに備えることはできません。しかし〝現金〟は違います。どんな症状や治療でも必ず使える。そのため、できるだけ安い保険に入って、現金を貯めていたほうが安心かもしれません。

がん保険と医療保険で悩んで、がん保険だけ加入する人もいますが、個人的にはどちらか選ぶなら医療保険ではないか……と思います。がん保険はあくまでも「がん」でしかお金がもらえません。日本人の死因に多い心筋梗塞、脳卒中、精神科関係――すべて関係ありません。

しかも、がん保険はがんに絞っているわりに、保険料が結構かかります。私たち夫婦では、安い保険を探しに探しても、月に２人分で４０００円はかかってしまう。10年間支払ったら48万円です。がんにかからなければまるっきり捨ててしまうお金なので、**がん保険に加入するよりは、現金で貯めたほうがいいと思います。まして、医療保険に上乗せして加入する必要はないでしょう。**

ちなみに、医療保険も、入院したのにお金が出ないときはあります。たとえば、泥酔したときのケガ等は、原則保険金が出ないそうで……。まあ、泥酔しているほうが悪いかもしれませんが、そんなときでも現金は強いわけですね。

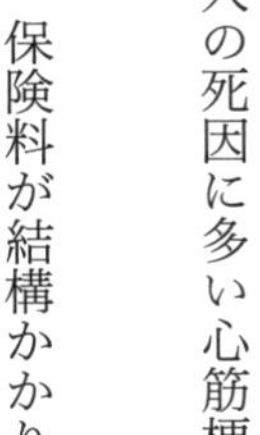

がん保険が医療保険と違うのは、がんの診断給付金、通院給付金が出るところです。最近のがん保険は、昔は給付対象でなかった上皮内新生物もカバーしています。家系的にがんが多く不安という方は、保障内容をよく調べ加入してもよいでしょう。

保険

7大疾病と1人あたりの入院費

	在院期間	費用総額
がん 胃がんなどの場合	22.6日	約29万円
心疾患 心不全などの場合	32.8日	約41万円
脳卒中 脳梗塞の場合	100.3日	約77万円
高血圧性疾患	34.9日	約21万円
糖尿病	32.5日	約23万円
肝硬変	41.2日	約33万円
腎不全	50.6日	約48万円

出典：「価格.com」入院費用の相場を参考に作成

column 03 保険

そもそも無保険の人は早めに保険加入の検討を

本編でも触れられているように、保険の見直しはたしかに重要です。が、それ以前に保険自体に加入していない人も少なくないと思われます。「お金がないから」などの理由で加入しない人も見かけますが、本来はお金がない人こそ、病気・ケガ、あるいは大黒柱に万一の事態が起こったときなどに困窮してしまうため、保険で備える必要があります。

そのため、独身の人や子どものいない夫婦は、最低限の医療保険だけでも入っておくといいでしょう（もちろん、貯金が潤沢にある人は例外です）。子どもが生まれたら、基本的には生命保険（死亡保障）も必要。医療保険にしろ生命保険にしろ、年齢を重ねると保険料が高くなるので、遅くとも30代のうちに加入することをおすすめします。

また、保険は入りっぱなしはNG。その時々の家族構成などにより必要な保障は変化するため、環境の変化に伴って、数年に一度は必ず見直しをしましょう。

保障に関しては、厚すぎると保険料が高くなり、薄すぎると保険料は安くなりますが、保障が不十分になります。節約をしたくても、安さだけを追求しすぎないように注意してください。

Chapter 4

もっとも減らしにくい住宅費の減らし方

19 月の家賃の目安はどのくらい？

住宅費

賃貸住宅に住んでいる方、家賃が思いっきり家計を圧迫していませんか？　でも、引っ越しにお金がかかるから、住み替えは難しい……と思っている人も多いのでは？

ですが、もし家賃が月の手取りの25%を超えていたら、引っ越しも考えましょう。仮に、家賃が8万円のところに5年間住むのを、4万円のところに住み替えたら、5年間でいくら違うと思いますか？　240万円も違うんですよ！　これなら引っ越し代くらい、簡単にペイできますね。住むところを変えることで、自動的にこんなにも節約ができるんです。

「でも、アパートの質を落としたくないし……」なんて言っているうちは、まだ「節約魂」になっていませんよ。

さて、住み替え先ですが、おすすめしたいのは「UR賃貸住宅」などの、公的機関が管理・運営している住宅です。公的機関から提供される住宅は、引っ越しに関連するコストや家賃そのものが、通常のアパート・マンションなどよりも割安に設定されています。

UR賃貸住宅とは、全国に約75万戸ある賃貸住宅（公団住宅）です。通常、賃貸住宅に引っ越す際に付き物な礼金、仲介手数料、更新料が不要です。さらに、保証人がいなくても入居できます。

UR賃貸住宅以外では、「住宅供給公社（JKK）」の賃貸住宅も、礼金、仲介手数料、更新料がかかりません（連帯保証人は必要です）。URやJKKの物件は全国にあるので、インターネットで近くの物件を探してみるのがおすすめです。ただ、URもJKKも入居にあたって条件があるので、そのあたりはホームページなどでご確認を。

私自身、新婚の頃は「雇用促進住宅」というところに入っていました。雇用促進住宅はお勧めしている人向けの住宅で、やはり公的機関が管理・運営しています。原則、雇用保険の被保険者が対象です（ただし、今後雇用促進住宅は

公的な住宅は所得の制限がありますし、UR賃貸住宅は一定以上の収入が安定してあることが条件になります。高齢者の方も利用できる賃貸住宅ですので、保証人を得にくい高齢者の方にも重宝されるでしょう。

廃止されることが決定されています）。

私の入っていた部屋は２ＤＫで狭かったですが、家賃は２万５０００円でした。すっごく安いですよね。色々と普通のアパートと入居条件などは異なっていますが、家賃の安さには本当に助けられました。

まあ、築30年くらい経っていて、寒いわ、洗面所は水しか出ないわ、突っ込みポイントはいくつもありましたけど……。でも、きれいに修繕された状態で入れました。一般の激安アパートの中には手入れの行き届かないところもあると思いますが、公的機関の物件はさすが、きれいだなと感じました。

◎抽選だが、市営・県営住宅がアツイ!!

公的機関の物件としては、市営・県営などの自治体が管理する物件も、家賃は安いですし、古い物件であっても管理は行き届いています。ただ、大抵は人気なので抽選になります。まあ、うちは5年くらい落ち続けました。

お年寄りを扶養していたり、家族に障碍者の方がいたりすると、当選確率がアップする自治体が多いようです。また、近年は子育て世帯の優遇も多くなっています。
私は北海道在住ですが、近所の道営住宅は築30年くらいで、家賃1万6800円（3LDK、2016年度の賃料）。先日前を通ったら、壁がきれいに修繕されていました。

新しくできた市営・県営住宅は、入った人の感想だと「普通のアパートより広くてきれい！」という印象なのに、普通のアパートの6割くらいの家賃で入れたりもするそうです。

ただ、市営・県営住宅は、原則として住むところに困った人のための住宅なので、年収が低い家庭が対象になります。条件は、最寄りの市区町村役場などで調べられるので、チェックしましょう。

UR賃貸の入居条件、主なもの

Check!

- [ ] 日本に国籍がある。
- [ ] URが定める入居開始可能日から1カ月以内に入居できる。
- [ ] 申し込み本人の毎月の平均収入額が基準月収額（家賃の4倍または33万円。ただし、家賃の額が20万円を超える住宅に付いては40万円）以上の人。
または、貯蓄額が基準貯蓄額※以上ある人。

※基準貯蓄額＝家賃の100倍の額（または条件により家賃の50倍）。

出所：UR都市機構ホームページを参考に作成

20 住宅ローンの金利のこと、しっかり理解してますか？

住宅費

家を買うときは、銀行などで住宅ローンを組む人が大半でしょう。ただ、基本的なことですが、住宅ローンの金利のことをあまりよくわかっていない状態で契約してしまう人、結構多い気がします。

たとえばわが家の場合。数年前に「さあ、ウチも一軒家を！」ということになり、借主となる夫とともに銀行へ足を運びました。

銀行の担当者は、住宅ローンについて丁寧に説明をしてくれました。元金に対して金利がかかること、私たちが組もうとしている住宅ローンの場合、最初の3年間のみは優遇金利で、その後は変動金利か固定金利か決めること、景気動向によっては、変動金利の場合、金利が大幅に増えるリスクがあること……などなど。どれも基本的なお話です。その話を聞いた帰り道。

「変動になるときが考え時だよね」と私が言うと、夫は「銀行の人、何を言っているのか全然わからなかった」と言い出したんです。

「どのあたりからわからなかった？」と聞くと、「うんとね、元金とか言ったくらいから」と夫。

「元金」は一番初めのほうに出てきた言葉ですが!?

ということは、夫はまるまるすべて、住宅ローンに関して理解していなかったことになりますね……。

今となっては笑える話ですが、夫の他にも身近なママ友で、住宅ローンを理解していない人は何人かいました。

わが家と同じく3年間優遇がつく住宅ローンをすでに組んでいて、「え？ 3年後に月の支払額が上がるの？」と、びっくりしていた人もいました。

住宅ローンは、借りたお金が多ければ多いほど、優遇期間終了後には月の支払額が思いっきり上がってしまいます。まあ、そんなこと得意げに話して、変に不安を大きくしても仕方ないので、「3年後は上がるみたいよ」くらいしか話しませんでしたけど……。

Check!

金利の優遇が終了すると、通常の金利になるので、支払額は増えます。住宅ローンを組む際は、優遇金利の期間や、優遇金利が終わった後の支払額もきちんと計画に入れないと、失敗につながります。

◎自分の住宅ローンの組み方をもう一度確認してみよう！

住宅ローンの金利は本当に重要です。１％違っただけで、返済金額は大幅に変わるからです。

たとえば、２０００万円を35年ローンで借りたとしましょう（元利均等方式、ボーナス払いなしで計算）。

当初３年間は優遇金利で、０・９％の金利がついたとすると、月々の返済額は５万５５２９円となります。ところが、４年後に優遇金利の期間が終了し、２％の固定金利に切り替えたとすると、月々の返済額は６万５３４２円に変化します。

約１％金利が増えたことで、毎月約１万円も負担が増えてしまいました。これ、本当に痛手ですよね。それまで５万５５２９円をギリギリで返済していた家庭だとしたら、返済が１万円増えることで家計がパンクする恐れもあります。

ですから、優遇金利期間がある住宅ローンの場合、おいしいところだけを見ていてはいけないんです。勝負は優遇期間が終わってからです！

ローンを組む際は、「通常の支払いでも生活はできるが、優遇金利なら毎月１万円貯蓄できる」と考えるべきで、「優遇金利だったらローンを支払いつつも何とか生活できる」と考えるのは、失敗につながるかもしれません。

Check!

「あ、ウチも、そんなこと全然知らないで買った」という人、少なくないのではないでしょうか？　わが家なんて、きちんと説明を聞いたって、夫は理解できていないんですから……。

知人は家を買うとき、某ハウスメーカーにこう言ったそうです。

「うちは月5万2000円払うのが限界です」

すると、そのハウスメーカーは、当初3年間の優遇がつく住宅ローンシミュレーションを作ってきて、これなら「月の支払い5万2000円、ボーナス払い6万円ですよ」と言ってきたそう。結局その人はその条件で住宅ローンを組みましたが、優遇期間終了で、今頃は限界よりも多くの住宅ローンを返済することになっていると思います。このハウスメーカーはサイテーですが、こんなのいくらでもある話なので、気をつけてください。

お金の話って、難しいですよね。だから、あまり理解できていなくても「買うときにとりあえず問題なければ、まあ大丈夫でしょ？」となってしまいやすいのですが、それだと後々困る可能性があります。最初は大変ですが、自分で隅々まで勉強するくらいの気持ちを持ちたいですね。

21 住宅ローンの借り換えで大きく節約しよう！

住宅費

住宅ローンの節約をしたいときに、選択肢として「住宅ローンの借り換え」を外すわけにいきませんよね？

住宅ローンの借り換えとは、別の銀行で住宅ローンを借り直して、金利の負担を下げること。今は低金利（２０１６年現在ではマイナス金利）時代なので、10数年前の金利が高い時代に組んだ住宅ローンを借りっぱなしにしている人などは、借り換えによってかなり得できる可能性が高いです。

借り換えを実行したほうがいいご家庭の３原則は、次の３つです。

① 住宅ローンが10年以上残っている

② 住宅ローン残高が１０００万円以上

③ 金利差が１％以上（借り換え後の金利が１％以上低くなる）

Check!

住宅ローンの借り換えには、保証料、保証事務手数料、抵当権設定費用、司法書士報酬、印紙代などの手数料がかかります。１０００万円の借り換えで35万～40万円ほど。手数料以上のメリットがないと、借り換えの意味はなくなります。

すべてに当てはまる人は、すぐに借り換えを検討したほうがいいでしょう。マイナス金利で住宅ローン金利も軒並み下がっている「今は特に」です。

条件の①と②を満たしていれば、金利差がたとえ0・5％でも、それなりにお得になります。

◎借り換えにはコストがかかることを忘れずに！

「住宅ローン金利を下げられるなら、返済残高が少なくても返済期間が残りわずかでも、借り換えしたほうが得なんじゃ？」と思われるかもしれません。

ですが、それがそうとも言えないんです。なぜなら、住宅ローンの借り換え時にはさまざまなコストが発生するからです。

最初に住宅ローンを組んだとき、結構な額の「諸費用」を支払ったことを覚えていませんか？　忘れている方、ちょっと思い出してみてください。家の値段以外にも、何だかんだで100万円単位の大きな金額が出て行ったはず。

その〝住宅購入時にかかったお金〟が、イコール「諸費用」です。

借り換えの場合、最初に住宅ローンを組んだときほど多額のコストはかかりませんが、それでもそれなりに大きな金額を支払う必要があります。

わが家でも、1250万円を23年の変動金利で借り換えしたらどうなるかと思い、某ネット銀行で借り換える場合のコストをシミュレーションしてみました。結果、支払う諸費用は約45万円に。1250万円でこれですから、借りるお金が多ければ、もっと膨らんでしまいます。

今の住宅ローンとの金利差は0・5%になるため、借り換えをすると諸費用を差し引いても50万円ほど得をします（金利変動がない場合で）。もちろん、諸費用は高いですけれども、50万円得するなら悪くはないですね。

ただ、**急いで借り換えを決めてしまう前に、試しておいたほうがいいことがあります。それは、今の銀行に金利を下げてもらえないかどうか、掛け合ってみることです。**

住宅ローンの金利を値切るなんて、アリなの？　と思われるかもしれませんね。ですが、実際には普通に行われていることなのです。

やっぱり、借り換えするとなると、新しい銀行と契約の手続きをしたり、書

借り換えを考えるなら、まず、今利用している銀行に金利引き下げの交渉をしてみましょう。100%できるとは言えませんが、借り換えの手数料や手間を考えると、そのほうがお金もかからず楽です。それがダメだったら借り換えの検討、という段取りでもよいでしょう。

類を色々集めたりするのが何かと面倒です。もちろん、諸費用も決して安くないので、いくら借り換えで得できると言っても気になります。住宅ローン残高が多い人だと、諸費用だけで100万円以上かかることも考えられるので、やっぱりもったいない気がするのではないでしょうか。

そういったことを考えていくと、本当なら今のままの銀行で、住宅ローン金利を下げてもらうのが一番ラクなのは間違いありません。ですから、当初の固定の優遇金利期間が切れた人や、長い年数で固定金利の住宅ローンを組んでいる人は、一度今の銀行に〝ダメ元〟でも相談に行ってみるのがいいと思います。

銀行側も、住宅ローンを借りて利息を支払ってくれるお客を失い、他の銀行を儲けさせたいとは決して思っていないはずです。そのため、相談・交渉することで、金利を下げてもらえる可能性は大いにあります。

もし、今の銀行のままで金利を0・5%でも下げてもらえるなら、借り換えをする必要はなくなり、浮いた諸費用は繰り上げ返済に回せちゃいます。これはすごく大きいことですよ。なので、これからは「金利も値切るのは当たり前」と思っておきましょう。

22 繰り上げ返済のメリットって何？団信とのせめぎあい？

住宅費

住宅ローンは家賃とは違い、借金です。借金なので、お金に余裕ができたときには、一部だけを返済することができます。それを「繰り上げ返済」と呼びます。たとえば、2000万円の住宅ローンを組んで、毎月数万円ずつ返済していたとします。あるとき、ボーナスの100万円が入ったとして、それを繰り上げ返済に回せば、住宅ローンの〝元金〟を減らすことができます。

私たちが住宅ローンを返済するときは、元金（元々借りたお金）と、元金に対してかかる利息の2種類の合計金額を返済している形になっています。ごくまれに、元金だけを返済していると思っている人もいますが、利息がかかっているので、その分を上乗せして返しているのです。でも、**繰り上げ返済をすると、元金を減らせます。元金が減ると、元金に対してかかる利息も減るわけで**

繰り上げ返済には、返済額は変わらず期間を短くする「期間短縮型」と期間は変わらず月の返済額が減る「返済額軽減型」があります。前者は利息軽減効果が高く、後者は毎月やボーナスでの支払額を減らすことができます。

すから、簡単に言うと住宅ローンの支払総額が減るわけです。

月々の住宅ローン返済のうち、利息の部分ってびっくりするほど多いんです。つまり、元金ってなかなか減っていかないのです。でも、繰り上げ返済をすれば、ドーンと元金を削れます。

なお、住宅ローンは構造上、契約してすぐのほうが月々の返済金額の中で利息の占める割合が大きいです（下図参照）。そのため、繰り上げ返済はなるべく早い時期に実践したほうが、元金を減らせる分、銀行に支払う利息を減らせることになるんです（さらに、支払期間を短縮したり、月々の返済金額を減らしたりすることも可能です）。

ローンの利子は繰り上げ返済で減らす（期間短縮型の場合）

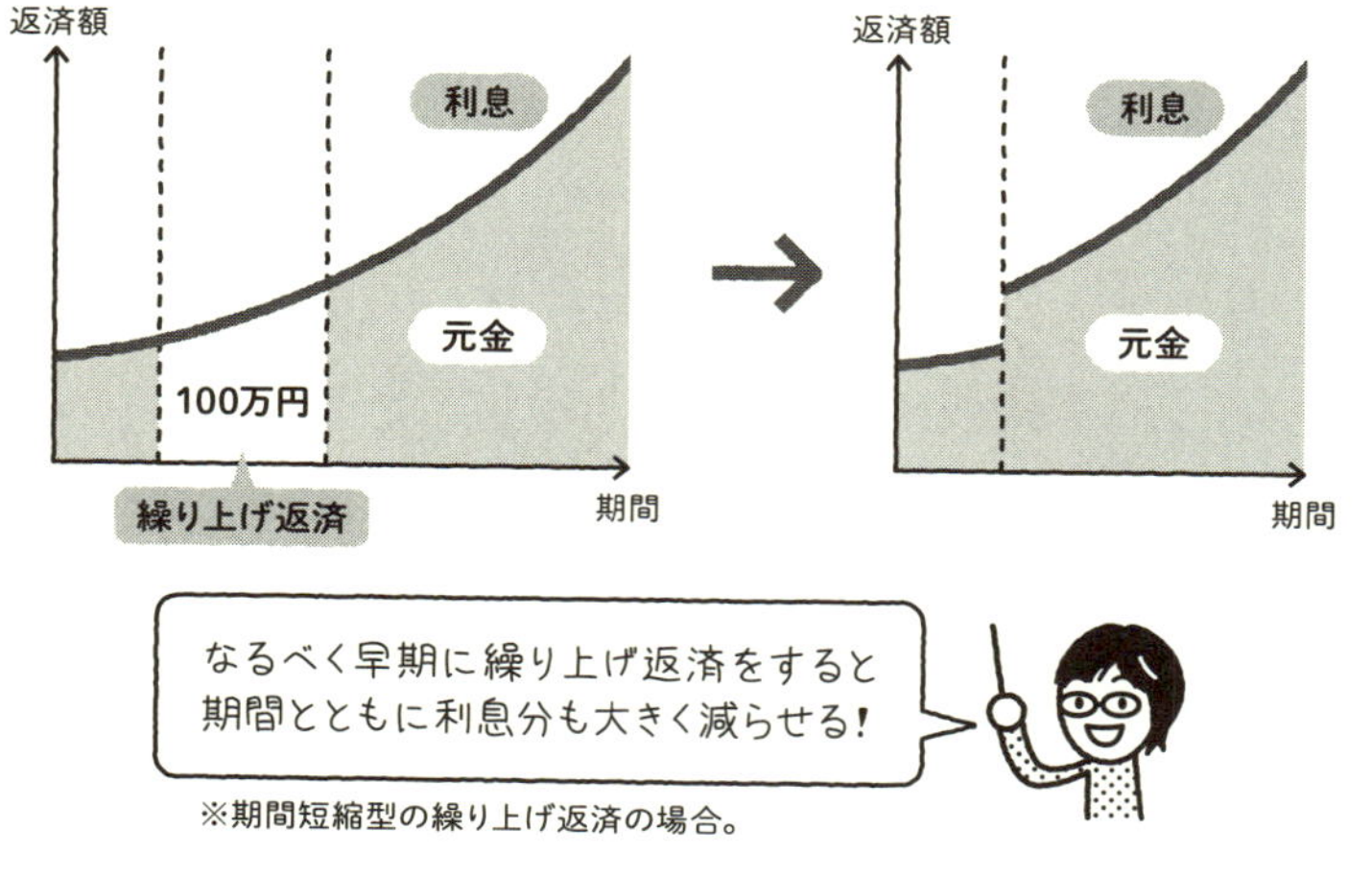

※期間短縮型の繰り上げ返済の場合。

たとえば、わが家では最初に1570万円借りて、0・9％の金利で返済が始まりました。契約から8カ月後くらいに一度繰り上げ返済をしていますが、その数年後の今、住宅ローン5万円のうち約1万円が金利分になっています。

わが家は2回、合計200万円の繰り上げ返済をしていますが、ざっくりシミュレーションすると、支払うはずのお金を50万円ほど節約できました。200万円早く払っただけで50万円の節約！　今、銀行に200万円預けておいて、3年でいくら金利がつくと思いますか？　残念ながらほぼつきません。そう考えると、「繰り上げ返済＝最高の資産運用」でもあるんですね。

銀行に利息をなるべく払いたくない！　という人は、早いうちからどんどん繰り上げ返済をすべき、というのが私の結論です。ただし、繰り上げ返済する際は、生活費の半年〜1年分の貯金は残しておきたいところです。

◎「団信」に加入するから、繰り上げ返済は損!?

ところが、世の中には「繰り上げ返済はしないほうがいい」という人もいます。たまに聞くのは、「繰り上げ返済をしても、団信に加入しているんだったら、旦那が死んだら損じゃない！　だったら使ったほうがいいわ」といった意見。

団信というのは「団体信用生命保険」の略。住宅ローン返済の途中で、借主が死亡したり、高度障害等になったときに、保証会社が代わって住宅ローン残高をすべて支払ってくれるというものです。

住宅ローンを組む場合、「フラット35」という商品以外を選択すると、自動的に団信に入ることになっています。団信の保険料は銀行負担となっていたとしても、実際は住宅ローン金利に上乗せされている場合が多いです。

この団信に加入していれば、借主に何かあれば住宅ローンの支払いが終了するため、焦って早く返したら、損をする……たしかに理屈は合っています。

繰り上げ返済するくらいなら使っちゃったほうがいい――という意見はさておき、繰り上げ返済する分で運用をしたほうがいい、という人もいますよね。

たしかに、**低金利で借りられているなら、ゆっくり返済して、繰り上げ返済する代わりに運用をしてもいいのかもしれません。でも、それは運用が得意な人だけにできる手です。**誰もが運用で簡単に儲けられるわけではない。そう考えると、繰り上げ返済が、誰にとってもお得な方法かな、と思います。


Check!

運用もいいかと思いますが、住宅ローンの金利以上で運用できないと得だとは言えません。リスクの低い運用であれば、住宅ローンの金利を上回るのは難しいかもしれませんし、運用未経験者にはハードルが高いかもしれません。

23 住宅ローン控除で年間万単位で儲ける裏技

住宅費

住宅ローン控除とは、一定の条件の下でマイホームをローンを組んで購入したり、特定の改修工事をしたりすると、年末のローン残高に応じて税金が還ってくる制度を指します。住宅ローン控除の内容は数年に一度くらいのペースでしょっちゅう変わっていますが、２０１５年度の住宅ローン控除は１％ということになっています（今後の変更には注意してくださいね）。

住宅ローン控除が１％ということは、仮に住宅ローン金利を０・５％で組んでいると、支払う金利よりも戻る税金額のほうが多くなります。つまり、理論的には住宅ローン金利が控除率より低ければ、戻る税金額が多くなるということです。

それは聞いたことあるとしても、その先の意味がわからない。ですよね。

では、住宅ローン控除の儲けのマジックを、わが家の例で見てみましょう。わが家の住宅ローン控除は「10年間の適用で、残高の1％」です。毎年12月時点の住宅ローン残高で住宅ローン控除の計算をしますが、たとえば残高が1030万円なら、最高でその1％にあたる「10万3000円」が戻ってきます（家族構成や年収によっては、全額戻らない場合もあります）。

10万3000円が戻るということは、1年間に払った住宅ローン金利の分が10万3000円よりも少なければ、その差額が儲けとなるのです。

◎住宅ローン金利のほうが控除分より少ない？

121ページの図は、わが家の住宅ローンの返済状況を表すものです。はい、ここで「利息分」というところに注目。1年分の利息をすべて足すと「4万9506円」になります。続いて、1年後の「残高」を見てください。「1年0カ月」というところ。「960万9754円」となっていますね。ここから「住宅ローン控除」が計算されます。この場合は、残高の1％の100円以下は切り捨てとなり、「9万6000円」が年末調整＆住民税で戻ってきます。なので、

「9万6000円（控除される金額）－4万9506円（支払った住宅ローンの利息）」となり、4万6464円も〝戻る金額〟のほうが多いという結果に。結果〝儲かった〟ことになります。

ただし、前にも書いたように、誰もが住宅ローン控除の上限である借入残高の1％までの控除を受けられるわけではありません。なぜならこの制度では、年間最大控除額か、その年に納める所得税額を比較して、どちらか少ないほうの額が上限となるからです。仮に、年末の住宅ローン残高の1％が20万円で、その年に納める所得税額が15万円だったとしたら、戻る金額は15万円となります。

つまり、**納める税額が少ない場合、計算から求められる控除額が大きくても意味がないんです。また、共働きかどうかという点も、かなり大きなウエイトを占めるようです。共働きだと妻の「配偶者控除」がないため、一般的に納める税金額が高くなる分、住宅ローンの戻りも多くなります。**

住宅ローン控除の詳細は、国税庁のホームページに記載されています。複雑ではありますが、最新の情報が確実に掲載されているので、じっくり見ておくといいでしょう。

Check!

通常、控除額いっぱいを還付してもらうのは難しいです。税金は、扶養控除のほか、医療費控除、寄付金控除など、たくさんの控除項目があります。まずは住宅ローン控除の受け忘れがないよう、購入初年の手続きをきちんとしましょう。

住宅費

住宅ローン控除はこうして戻る

月数	毎月返済分			元金残高
	返済額	元金分	利息分	
0年　1カ月	49,146	44,917	4,229	10,105,083
0年　2カ月	49,146	44,936	4,210	10,060,147
0年　3カ月	49,146	44,955	4,191	10,015,192
0年　4カ月	49,146	44,974	4,172	9,970,218
0年　5カ月	49,146	44,992	4,154	9,925,226
0年　6カ月	49,146	45,011	4,135	9,880,215
0年　7カ月	49,146	45,030	4,116	9,835,185
0年　8カ月	49,146	45,049	4,097	9,790,136
0年　9カ月	49,146	45,067	4,079	9,745,069
0年 10カ月	49,146	45,086	4,060	9,699,983
0年 11カ月	49,146	45,105	4,041	9,645,878
1年　0カ月	49,146	45,124	4,022	**9,609,745**
		合計	49,506	1年後の残高

控除

9,609,754円 × 0.1％ ＝ **96,000円**

※100円以下は切り捨て

儲かった！

96,000円 − 49,506円 ＝ **46,494円**

ただし、納める税額が少ない場合、計算から求められる控除額が大きくても意味がない。また、共働きだと妻の「配偶者控除」がないため、一般的に納める税金額が高くなる分、住宅ローンの戻りも多くなる。

column 04 住宅ローン

住宅ローン金利選びは専門家でも意見が分かれる

2016年4月現在、日本は「マイナス金利」です。とはいえ、この先の金利動向は誰にもわかりません。よって「変動金利がいいか固定金利がいいかわからない」という人には、超低金利の今こそ長期固定金利（通常、変動金利よりも金利が高い）での住宅ローンをおすすめします。変動金利で住宅ローンを組むと、途中で利上げがあった場合、返済額が増加します。固定金利だとその心配がなく、常時金利動向にアンテナを張る必要もないので、気楽です。

また、最近は変動金利と固定金利を組み合わせた、ミックス型住宅ローンもあり、検討の価値があります。金融機関ごとに仕組みは異なりますが、たとえば3000万円の借入で、1000万円を変動、2000万円を固定で借りるようなイメージの商品です。繰り上げ返済をする場合は、先に変動から返すことで、金利上昇リスクを軽減できます。

もう一つアドバイスしたいのは“繰り上げ返済のしすぎ”に注意すること。繰り上げ返済をすると長い目で見れば得する場合が多いですが、そのせいで貯金が増えない家庭もよく見かけます。焦って繰り上げ返済貧乏にならないよう、貯金とのバランスも考えて返済計画を立ててください。

Chapter 5

自動車ローンとクレジットカードは早期完済＆見直しを！

24 車などの大きな買い物はライフプラン表で考える

ライフプランとは、自分たち家族の人生設計図のこと。毎年どれだけの収入と支出が予想されるか、大体何歳くらいでどんなライフイベント（マイホーム購入、子どもの進学など）が発生し、それにいくらくらいお金がかかるか――といったことを一まとめにしたものです（左ページ参照）。

以前は、それほどライフプランなんて重視していなかった私ですが、**貯蓄の計画を立てる上で、ライフプランはなくてはならないものだと思っています。**そこで、今では自分で精密なライフプラン表を作成し、プリントアウトして壁に貼って、いつも眺めています。

ライフプラン表を作ると、たとえば車を買おうというとき、「大丈夫。貯蓄が

Check!

ライフプランが作成できるフリーソフトなどをネット上でもよく見かけます。一度試してみてもよいでしょう。作成の際に神経質になる必要はありませんが、お金が必要な時期をある程度把握しておくと、準備の仕方に違いが出てきます。

ライフプラン表の例

年数		今年	1年	2年	3年	4年	5年
西暦		2016年	2017年	2018年	2019年	2020年	2021年
世帯主		40歳	41歳	42歳	43歳	44歳	45歳
配偶者		39歳	40歳	41歳	42歳	43歳	44歳
子ども1		11歳	12歳	13歳	14歳	15歳	16歳
収入	上昇率						
給与収入	0.1%	370	370	371	371	371	372
公的年金等	−	0	0	0	0	0	0
家賃減少	−	0	0	0	0	0	1
収入合計	−	370	370	371	371	371	372
支出	上昇率						
生活費	−	180	180	180	180	180	180
家賃	−	12	12	12	12	12	12
教育費	−	36	41	48	40	53	59
保険料	−	6	6	6	6	6	6
ローン返済	−	60	60	60	60	60	60
繰り上げ	−	0	0	0	0	0	0
車購入	−	0	0	0	0	0	60
年金調整	−	0	0	0	0	0	0
支出合計	−	294	299	306	298	311	377
当初金融資産	−	300					
年間収支	−	76	71	65	73	60	-5
運用益	−	0	0	0	0	0	0
金融資産残高	−	376	447	512	585	645	640

収入の上昇率は見込んでも、支出は見込まず常に節約意識を！

繰り上げ返済の目度も考えプランに記入

教育費は公立か私立で大きく変わるので、子どもと将来を話し合うのも大事

年間収入＝貯蓄に回す額

これを10年〜15年分作ってみよう！

なくても、みんなローンで車買っていますから～」なんていう無責任な営業マンに翻弄されるようなことも、激減するはず。

何しろ、自分の人生でどれくらいお金がかかり、今どれくらいお金を使えるのか、ライフプラン表を作れば一目瞭然になるのですから。

みなさんも、今後ぜひ、ライフプラン表を作成してみてはどうでしょう。

◎ライフプランがすでに赤字ギリギリなら見直しを

ライフプラン表を作成する上で一番難しいのが、「変動金利」で住宅ローンを組んだ場合、もしくは今から組もうと計画している場合です。

固定金利の場合は、あらかじめ返済額が決まっているので簡単ですが、変動金利で組んだ場合は、自分で「住宅ローン金利が2％まで上がったら返済額はどう変わる？」といった具合に、シミュレーションしておく必要があります。面倒くさそうですが、大抵は銀行のサイト上にある「住宅ローンシミュレーション」のツールで簡単に試算できるので、やってみてくださいね。

ライフプラン表を作成するときのコツは、〝支出は多めに、収入は少なめに〟記載することです。現時点で未来の収支は確定していないので、予想で数字を入れることになりますが、支出を少なく、収入を多く記載していると、予想が外れたときに家計がパンクします。そのため、支出は多め、収入は少なめに書くのが大前提なのです（なお、収入は「手取り額」で計算します）。

たとえば、これから出産を控えている家庭の場合、妻が出産後に仕事を再開しようと思っていても、確実に復職できないなら、子どもが生まれて3年くらいは、奥様の収入は「0」で考えてください。より余裕を持たせるなら5年で！

また、夫婦ともに給料の上昇はほとんどない、と想定してください（下がる可能性だってあるくらいの世の中ですからね）。

ライフプラン表を作成していくと、自分の家にどの程度の余裕があるかわかります。もし、「赤字ギリギリライン（あるいはすでに赤字）」なら、もう追加の大きな買い物はできません。車がほしい、買い替えたいと思っても、家計を改善するまでは無理だ……とわかるはず。営業マンにどんなにプッシュされても、ライフプラン表をじっと眺めて、お買い物計画を練り直してください。

Check!

収支を記入する時にはつい、甘めな見通しを立てがちですが、あえて厳しく見込んだほうが、気をつける時期が見えやすくなります。甘くつけると、見込み違いの時に急な出費で慌ててしまいかねません。

25 ディーラーローンは高金利、おすすめはマイカーローン

自動車 ローン

車を買うときにはローンを組む人が多いと思います。が、大前提として、ローン（借金）は利息を上乗せして返さなければならないわけで、一括で購入するのに比べると損です。でも、「通勤などでどうしても車が必要。ただ、現金一括で払えるほどの貯蓄はない……」という場合もありますよね。そういうときは、少しでも金利の低いところから借りるべきです。

それでは、どこで借りれば金利が安く済むのでしょうか。車のローンを組む際の主な選択肢は2つあります。まずは車の販売店経由でディーラーローンを組むというもの。ディーラーローンは多少の優遇はあっても、基本的に高金利です。これに対し、もう一つの選択肢は、銀行や信金、労働金庫、ＪＡなどでマイカーローンを組むというもの。ディーラーローンよりは金利が低いのが一

般的です。ただ、審査に関してはディーラーローンのほうが通りやすいとされています（ディーラーローンの場合、返済中の車の所有権はディーラーもしくは信販会社なので、もしローン返済が滞ったら、ディーラーはその車を中古車として販売し、未払い分を補てんできるからです）。

おすすめしたいのは、少しハードルが高くなるとしても、金利の低い銀行などのマイカーローンです。2016年3月現在、マイカーローンの相場は1～3％台ですが、ディーラーローンは4～8％台というケースが多々見られます。

金利情勢は日々変動しているので、購入のタイミングで確認が必要ですが、ディーラーローンが高く、銀行などのマイカーローンは安い、という構図が変化することはないでしょう。

なお、銀行などのマイカーローンには諸費用も発生します。この諸費用、4万円程度や10万円以上などと、金融機関ごとにかなり差があります。ですから、金利だけでなく、諸費用も比較した上で借りる場所を選択すべきです。インターネットの比較サイトなどで簡単に調べられるので、リサーチしましょう。

銀行のマイカーローンは、購入時から車の所有権は自分になります。ディーラーローンの場合は、支払いが完了するまではローン会社が所有権を持ちます。所有権がないと買い替えや譲渡の手続きが面倒になりがちです。

26 自動車ローン、その金利こそ最大のムダ遣いだった！

車のローンって、金利部分でどれくらい払っていると思いますか？　基本的なことですが、車のローン返済には利息も上乗せされています。住宅ローンと同じですね。

たとえば、２００万円の車を購入し、銀行で金利１・８％の５年ローンを組んだとしましょう。ちなみに、ローン金利１・８％って、車のローンとしてはかなり安いほうです。

銀行で借りた場合のシミュレーション結果は、１３３ページのとおり。借りたのは２００万円で、返す金額はそれよりも約９万３０００円多くなっています。つまり、これが利息の部分。その他に、諸費用で４万２０００円ほどかかるとすると（これも、他のローンと比較すると安いほうですね）、約13万５００

自動車
ローン

0円を車の代金に上乗せして支払うことになります。

「ふーん。別に大した金額じゃないじゃん」と思ったあなた。本当にそうでしょうか？　車の200万円という価格と比較すれば小金に感じるかもしれませんが、**13万5000円を普通に稼ぐのって、本当に大変なことです。それを、5年間お金を借りただけで取られてしまうのは、個人的には、ものすごくもったいないことだと思います。**

もし、人生で5回車を買い替えて、毎回13万5000円の利息を支払ったとしたら……利息として支払う金額は67万5000円にも！　何も生み出さないものに、こんなにお金を払っていることになるなんて……。


結局、ここでもったいないと思えるか否かが、お金を貯められる人と貯められない人の差になってくるわけです。

先ほどのシミュレーションに戻りますが、毎月の支払いが3万4000円というのも高いですよね。一回ローンを組んでしまったら、毎月「固定費」として5年間も3万4000円を払い続けることになります。今の家計に「固定費

利息はある意味「ムダ遣い」とも言えます。車などを購入する時は、頭金をしっかり入れ、できるだけ金利の低いローンを利用するなどで、総支払額が膨らまないよう賢く購入しましょう。

3万4000円上乗せ」。冷静に考えたら、かなりの出費です。

◎自分の貯蓄で買える範囲の車が「分相応」

「じゃあ、どうすりゃいいんだよ！（怒）どうしても車は必要なんだから！」

と、思っているあなた。答えは簡単です。**車はやっぱり現金で買えばいいのです。厳しい言い方になりますが「その現金がねん出できない＝その車は分不相応」ということです。**

「200万円も貯蓄できないし!!（怒）」

なんて、視野が超狭くなっていませんか？　それは、無理して200万円の車を買おうとしているところに問題があるのです。中古車なら数十万円でも十分買えるのですから、「あなたの貯蓄で買える車」を買えばいいのです。

それは、今の新車はものすごく燃費がいいです。長い目で見たらお得かもしれません。でも、ローンを払っている間は余計な利息を払い、大きな固定費で家計が圧迫されることになるので、燃費のよさで浮いた分以上にお金が出て行きます。

「車は一括払いで購入」は大賛成。毎月、維持費もかかるので、家計のやりくりを考えるとローンの支払い負担は大です。無理して高級車を購入しても、ローン額と維持費の負担が想像していたより大きくて手離すということもよくあります。

自動車
ローン

たまに、食費を節約して月2万円でやりくりしている、という人でも車のローンには月4万円支払っていたりすることがあります。車に4万円払って、食費2万円って……何か違う気がしませんか？

車を現金で買うのは、上級編だとは思うのですが、「貯蓄を本気でやるのなら、住宅ローン以外のローンは組むな！」。これが鉄則です。

とりあえず、今ローンを抱えている人は、できるだけ早く返すことが先決。貯蓄で返せる余裕があるのなら、一部分だけでも返して残債を減らしておく。「ローン」と名のつくものは、〝何も生み出さないムダなお金を支払う羽目になる非常に怖いもの〟なんだということを、しっかり認識しておきましょう。

マイカーローンのシミュレーション

購入金額 200万円

借入	200万円
ボーナス返済	なし
借入期間	5年
金利（年）	1.8％

の場合

毎月返済額	34,880円
総返済額	2,092,821円
＋	
諸費用	約42,000円

約135,000円が余計にかかる

※三井住友銀行返済額試算シミュレーションを基に作成

27 クレジットカードを作るときは限度額に注意！

ここからは、私がクレジットカードを作る上で気をつけていることを紹介します。ちなみに、私は手数料無料&キャンペーンなどでお得にポイントを稼げる「楽天カード」や、どこで使っても高還元率な「リクルートカードプラス（現在は新規募集停止）」を愛用しています。

クレジットカード自体は、自分がよく使うお店などで得できるものを選べばいいと思うのですが、最初に気をつけておきたいことがあります。それは、クレジットカードの限度額です。限度額とは、簡単に言うと、1カ月あたりクレジットカードで買い物できる上限金額のことですね。たとえば、限度額が50万円の場合、カード入会1カ月目で50万円分の買い物をしたら、その支払いが終わるまでは、原則として新しい買い物はできません。今、限度額50万円という

例を挙げましたが、カードの初期の限度額は、50万円になっていることが多いようです（一般カードの場合。ゴールドカードなどはもっと高いです）。

クレジットカードに入会するとき、最初から自分で限度額を設定できるカードはあまりないと思います。ですが、カードが届いたら、入会した本人が自分で電話連絡をすれば、限度額は簡単に変えることができます。

そこで、**おすすめしたいのは、限度額を最初に引き下げておくことです。私の持っているカードは、どれも大抵限度額20万円まで引き下げてあります。**

なぜそんな面倒なことをするかと言いますと……。私の場合、20万円以上の支払いをする可能性は、まずないからです。

限度額を高くしておくと、万が一紛失して犯罪等に使われてしまったとき、限度額ギリギリいっぱいまで使われてしまうかもしれません。

不正利用はカード会社が補償してくれることになっていますが、自衛のために限度額を下げておくのは賢明だと思います。カードをなくした場合は、すぐカード会社に電話して利用できないようにしてもらえばいいのですが、間に合

Check!

クレジットカードで使いすぎが心配な人は限度額を下げるのもいいでしょう。また、VisaやJCBブランドのついたデビットカードは銀行口座から直接決済されるシステムなのに、クレジットカードと同じように使えるのでこちらもおすすめです。

わないこともありますしね。

ちなみに、わが家は電気料金などの公共料金もクレジットカードで支払っていますが、限度額20万円で不便を感じたことは一度もありません。そんなに使わないよ、という人は、思い切って限度額、20万円に下げて大丈夫です。ムダ遣い防止にもなります。

◎クレジットカードのローンは「0円」にしておく

続いて、クレジットカードのカードローン。カードローンというのは、お金がなくて困ったときに、クレジットカードでお金を借りられるというものですが、これは、絶対使わないでください！　言うまでもないかもしれませんが、カードローンの金利はめちゃくちゃ高いです。

仮に10万円借りて、何カ月かに分けて返したら、間違いなく利息だけで５０００円以上払うことになるでしょう。これほど何も生み出さない、ムダなお金はありません。消費者金融などと比べて借りやすい印象を持っている人もいるかもしれませんが、絶対に手を出さないでくださいね。

絶対に手を出さないためには、最初からカードローンの借入限度額を0円に設定してしまうという方法もあります。これは、クレジットカードの申し込み時に設定できる場合もあります。

借入ができないようにしておけば、クレジットカードを紛失したとき、勝手に借入されてしまうリスクもナシ。こうして、できるだけマイナスになりそうな要素は取り除いておくといいでしょう。

また、クレジットカードは持ちすぎもNGです。特に、年会費の発生するクレジットカードを作ったまま放置しているのはもったいない。1年目は年会費無料でも、2年目から1300円かかる……とか、結構見かけます。まったく使っていないのなら、即解約しちゃいましょう。

そんな年会費のムダ払いリスクを防ぐためにも、基本は入会費・年会費ともに無料のカードを探しましょう。年会費を払ってでも入会したいカードがある場合は、自分が年会費以上にポイントなどで得できるかどうか、しっかり検証してから入会するといいでしょう。

借金を作ってしまう人のきっかけの多くは、クレジットカードのキャッシングから。生活費の補てん目的などで使ってしまいそうな人は特に要注意なので、可能ならキャッシングできないようにしたほうがいいでしょう。

28 クレジットカードのリボ払いはローンより怖い

クレジットカードの中には「リボ払い専用」というカードがたまにあります。そして、リボ払い専用カードは、ポイント還元率がすごくいい場合が多いです。

また、普通のクレジットカードをリボ払い専用カードに切り替えると、ポイントなどのプレゼントがもらえることもよくあるので、それに惹かれて普通型クレジットカードをリボ払い専用カードに切り替えた人もいるかもしれません。

しかし、**リボ払いというのは非常に恐ろしいシステムなのです。高い還元率やキャンペーンのポイントなんて、全然意味がなくなるほど損をします。**すでにリボ払い専用カードを持っていて、しかも使っているような人は、急いで普通型のクレジットカードに切り替えましょう。そうでないと、「気づいたらとんでもないことになっていた」なんてことになりかねません。

Check!

リボ払いは毎月同額を計画的に返済できるので家計に組み込みやすい半面、はじめのうちは利息が占める割合の多い支払いになりますから、いつまで経ってもなかなか支払いが終わらないということが起こり得ます。

クレジットカード

リボ払いをわかりやすく図解したのが下図です。「あら、何だか一見すごく、いい仕組みね」と思うかもしれません。「だってこれ、たくさん買ってしまっても、毎月の支払いが抑えられるんでしょ？　何か、ダメなところあるの？」。なんて思う人もいると思います。

ですが、このリボ払いの恐ろしいところは、毎回の支払いに手数料が上乗せされている点にあります。しかも、手数料率（実質年率）は驚異の10％超なんてことも（カード会社ごとに異なります）。

たとえば、23万円の買い物をして、毎月5000円ずつリボ払い（手数料率15％）するとしましょう。その場合、次のような返済スケジュールになります。

リボ払いのしくみ

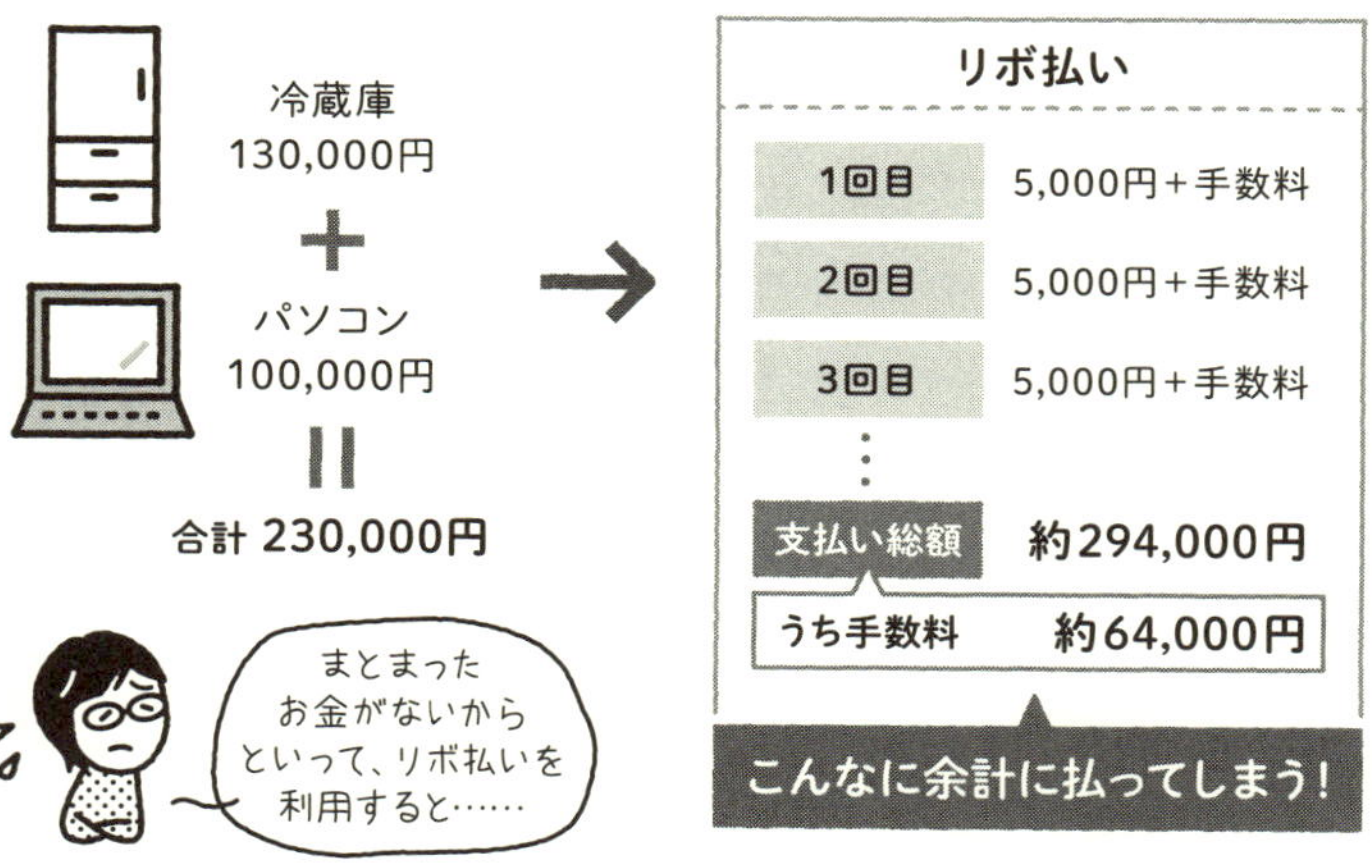

- **返済回数……46回**
- **支払総額……29万4622円**
- **手数料……6万4622円**

23万円の買い物で手数料が6万4622円だなんて、驚きですよね！　しかし、もっと驚かされるのが支払い回数です。46回。つまり3年10カ月。一度の買い物で4年近く固定費を支払い続けることになるのです。かなり気の遠くなる数字じゃないですか？　こんな調子で毎月どんどん買い物していって、それを全部リボ払いにしたら、冗談抜きで支払い回数100回超えなんてあっという間です。延々と高い手数料を支払いながら固定費を増大させ続けることになり、家計がパンクするのは間違いありません。

クレジットカード会社側は、手数料で得したいと思っているので、魅力的な還元率やキャンペーンを打ち出してきます。

もちろん、口が裂けても「リボ払いは恐ろしい」なんて表現は使わず、あたかもすごく便利な支払い方のように見せかけてきます。彼らがリボ払い専用カードをゴリ押しするときのキーワードは、

- **「毎月の支払いをラクにする方法があります！」**
- **「お支払いが毎月同じなので、計画的な支払いができます」**
- **「毎月のお支払いをラクにして、キャッシュバックもGET♪」**

といったもの。このような文言はすべて「リボ払い専用カードのご案内」につながっているので、完全にスルーしていきましょう。

以前、ネットで「某カードに身に覚えのない借金100万円を背負わされた件について」という記事が話題になったことがあります。著者の方は、自分の持っているクレジットカードが**「自動リボ」（一括で買い物をしても、自動的にリボ払いにされる）の設定になっていることを知らずに買い物を続けていて、気づくと上限（100万円）いっぱいまで買い物をしてしまっていたのだそう。**

この方は、いつ自動リボ設定をしたか覚えていなかったそうですが、ポイントアップキャンペーンなどで、うっかり自動リボの契約をしてしまうこともあり得ない話ではありません。こんなワナもクレジットカード会社は仕掛けてくるのですから、自覚を持って自分の身を守るようにしないといけませんね。

知らないうちにリボ払いになっていたというケースは「リボ払い専用カード」を作らされていたために起こることが多いようです。自分のクレジットカードの特徴などはしっかり把握しておきましょう。

クレジットカード

29 クレジットカード払いしたときの家計管理の極意

クレジットカードの中には、年間で２％以上の還元率を達成できるカードもあります。

普通に生活していれば、年間２００万円程度はクレジットカード払いできる場面があるのではないでしょうか？　家賃や水道光熱費など、今はあらゆるものをクレジットカードで支払えますしね。

仮に、年間２００万円分をクレジットカード払いにして、２％の還元率があったら、年間４万円もの還元が受けられる計算になります。すごいでしょ。

しかし、クレジットカードは手元に現金がなくても買い物できてしまうため、怖い側面もあります。実際に「クレジットカードで大失敗した」という人も、少なくないのではないでしょうか。そこで、ここでは失敗を防ぐためのクレジットカード管理術を紹介しておきましょう。

◎その①クレジットカードでは「還元率」を享受する

基本的に、クレジットカードを使うときには、「現金で支払うとポイント（還元）がなくてもったいないから、クレジットカードを使う」という考え方をするのが望ましいです。

間違っているのは、「手元に現金がないけど、とりあえずクレジットカードから支払いを先延ばしにできるから使っておこう」ではダメだということ。つまり、**「今手元にある現金で買えないものは、クレジットカードでも買わない」ということが大切なんです。**

そのため、私の場合は、クレジットカードで買い物をしたら、家に帰ってすぐに財布からカードで買い物した分の金額を抜いて、「クレジットカード用」という仕分け袋にしまっておくようにしています。そして、そのお金を引き落としの前に、口座に入金するのです。

たとえば「1080円」など端数が出た場合は、1000円だけ入れたり、逆

クレジットカードを利用する時は、計画的に後払い、分割払いを考えられる場合に限ります。現金がないからクレジットカードで買い物をして、来月は必ず支払えるという保証はあるでしょうか。よく考えてからカードを使いましょう。

に1800円のときは2000円を入れたりと、多少ルーズになるのはヨシとします（ただし「この間は少なく入れたから、今回は多めに入れよう」などの調整はしていますが……）。

◎その②固定費をクレジットカード払いする

先ほどの方法だと、現金がなければクレジットカードでお金を使いすぎることもないのでいいのですが、それでも「クレジットカードだと、どうしても予算以上に買ってしまう」という不安を抱える人もいるでしょう。

その場合、**普段の買い物ではカードは使わず、口座振替の支払いのみクレジットカード払いへ変更するのがベターです。**たとえば、電気代5000円、水道代1万円、ガス代3000円、携帯料金1万円、保険料1万5000円を支払っているとしましょう。これらは固定費なので、「クレジットカードだから使いすぎちゃう」ということはないはずです。これらを全部足すと月間で4万3000円。年間で51万6000円です。仮に、1%還元率のクレジットカードで支払えば、これだけで年間5160円もお得。使わない手はないですね。

固定費のクレジットカード払いは、1枚に絞って使うとポイントも貯まり、銀行引き落とし感覚でやりくりできるので、便利です。また国民年金は、クレジットカードで前払いしても、現金での前払いと同様の割引が受けられます。

◎注意！　クレジットカードが「リボ払い」でないか確認

前の項目の復習になってしまいますが、一番大事なことなのでここでもう一度！

クレジットカードの中には、一見「リボ払い専用」とわからないカードがあります。また、普通のクレジットカードでも、自動リボ設定に切り替えることもできます。最初、入会した時点では、勝手にリボ払い設定になっているクレジットカードもあります。

リボ払いは一番怖い「借金」です。せっかく固定費をクレジットカード払いにする手続きをしたのに、リボ払いになっていたら元も子もありませんので、くれぐれもご注意ください。

クレジットカードは上手に使えば、とてもお得に生活できます。まずは固定費をクレジットカード払いしてみる。節約に慣れてきて、「ムダ遣いがだいぶ減ったな～」と感じてきたら、普段の買い物もクレジットカード払いで挑戦してみると、ますます節約が面白くなるかもですよ。

クレジットカードでの買い物は、支払いが完了するまではクレジット会社がその商品の所有権を持ちます。ですから、カードでの買い物は基本「借金」です。支払い方法の設定などは、随時インターネットなどで確認してください。

クレジットカード管理の極意

極意その1 「還元率」を享受

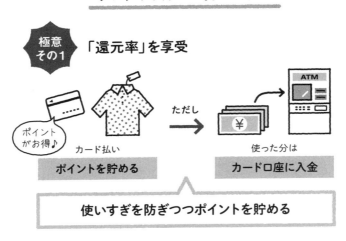

ポイントを貯める → カード口座に入金

使いすぎを防ぎつつポイントを貯める

極意その2 固定費をクレジットカード払いにしてしまう

固定費
- 光熱費
- 水道代
- 携帯料金
- 保険料 etc.

→ カード払い

固定費を払いつつポイントを貯める

ただし、これらの支払いが「リボ払い」になっていると、ムダな出費を生んでしまうので注意しよう！

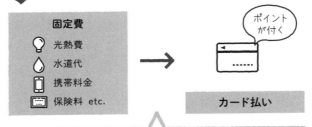

column 05 クレジットカード

借金嫌いな人に最適なのはブランドデビットカード

住宅以外の大きな買い物をするときは、貯蓄の範囲内でまかなえるものを選ぶのが理想。ただ、なかなかそうは行かないこともありますよね。そんなときは各種ローンを使ったり、クレジットカードの分割払いを利用したりと、さまざまな手があります。ただ、絶対にやめたほうがいいのは、クレジットカードのキャッシング、リボ払い、ボーナス払い。リボ払いがダメな理由は、138ページで触れられているとおりです。キャッシングも同様に、利息が非常に高くつきます。ボーナス払いに関しては、ボーナスが急になくなるリスクもあるため、絶対に避けてください。

通常のクレジットカードでの買い物も、借金であることに違いはありません。ただ、ポイントが貯まるお得感もあります。借金が生理的にイヤな人は「ブランドデビットカード」を利用するといいでしょう。VISAやJCBマークの入ったブランドデビットカードは、クレジットカードと同じような感覚で使えますが、使ったお金が即時銀行口座から引き落とされるので、支払いがその場ですっきり終わります。ポイント還元率も0.5～1％など、クレジットカード並みのものが出てきているので、おすすめです。

変動費を
コツコツ抑える
節約のコツ

Part 2

Chapter 6

やりくり上手で食費を節約

30 最強の節約術！無買デーを増やそう

食費

主婦の方は、日々「質を落とさず食費を減らしたい！」と、奮闘されていることと思います。

ですが、「毎日安売りを狙って買っているのに、なぜか食費が減らない」「半額セールもしっかり活用しているのに、家族３人で月５万円は必ずかかってしまう。どうやったらうまく節約できるの？」なんて人もいるのでは？

そこでおすすめしたいのは、買い物の回数を減らすこと。毎日買い物をしている人は、週３回の買い物にしてみるだけでも違ってくると思います。

まとめ買いより、毎日ちょこちょこと底値や半額の食品を買ったほうが節約になると思われるかもしれません。たしかに〝うまく使い回せれば〟週１回まとめて買うよりは安く済む可能性もあるでしょう。

うまく使い回すというのは、買ったものをムダにせず、残らないようにするということですが……これが案外大変なんです。家族が多い場合は別だと思いますが、3～4人家族の場合、たとえばキャベツを一玉買うと、使い切りに2週間くらいかかることもあるでしょう。

◎週2から週1へ買い物回数を減らしてみる

私の場合、食材の買い物は基本的に週1回にしています。最初は週2回だった食品の買い物を、週1回に減らすことで、食事の質は変わらず、月1万円近く削減できました。また、**私は必ず1週間分の献立をある程度決めてしまいます。そこから買うものをリストアップして最小限購入。この方式で計画どおりに調理をすれば、買い物前日になると冷蔵庫はカラに近くなります。**

最初は「傷みやすい食べ物はどうしよう？」と悩みましたが、冷凍してしまえば問題ありません。魚や肉は、冷蔵庫に長期間は保存しておけませんので、まとめ買いした場合は小分けにし、ラップに包んでジップロックに入れて冷凍。使う日に冷蔵庫に出して解凍します。

食材のムダを出さないということは、食費削減の大きなポイントです。食材は冷凍保存可能なもの以外は、悪くなる前に食べきること。1週間の見通しを立てて購入すると、失敗が少ないです。

野菜なら、大抵のものは生野菜でも1週間くらいは保存できますし、火を通して下処理しておけば、2週間くらい持つものも多い（ほうれん草などの青菜類は別ですが）。なので、まとめ買いしておいても全然OKなのです。

ただ、中には冷凍すると極端にまずくなるものもあります。わが家でよく使う食材では、厚揚げがそう。冷凍すると、食感がスカスカになってしまいます。なので、献立のスケジュールは保存しにくい食材から使うように組みます。

私の場合、このやり方で家族3人分の食費は毎月2万円程度（お米は別）に収まっています。**大体決まった曜日に予算4000円でまとめ買い。他の日に追加で買い物することはほぼありません。週2回買い物していたときは、食費が3万円近くかかることも多かったので、大幅節約に成功。**

買い物回数が多いと、安いものを見つけたときに、つい飛びついちゃうんですよね。家に大根があるのに、また大根の安売りを発見して「買わなきゃ！」と思ってしまったり。買い物の回数が増えるほど、安売りムダ買いのワナに陥りやすくなります。なので、私の買い物回数は、食材と日用品あわせて原則月5回！　お財布を開く回数を減らすことは、節約の王道だと思います。

Check!

計画的な買い物＝買い物回数を減らすということは、食費の節約に効果大です。私のお客様でも、食費を下げられたという人は1週間の買い物が2回程度という人が多いですね。

食費

食材は週一回の買い物で!!

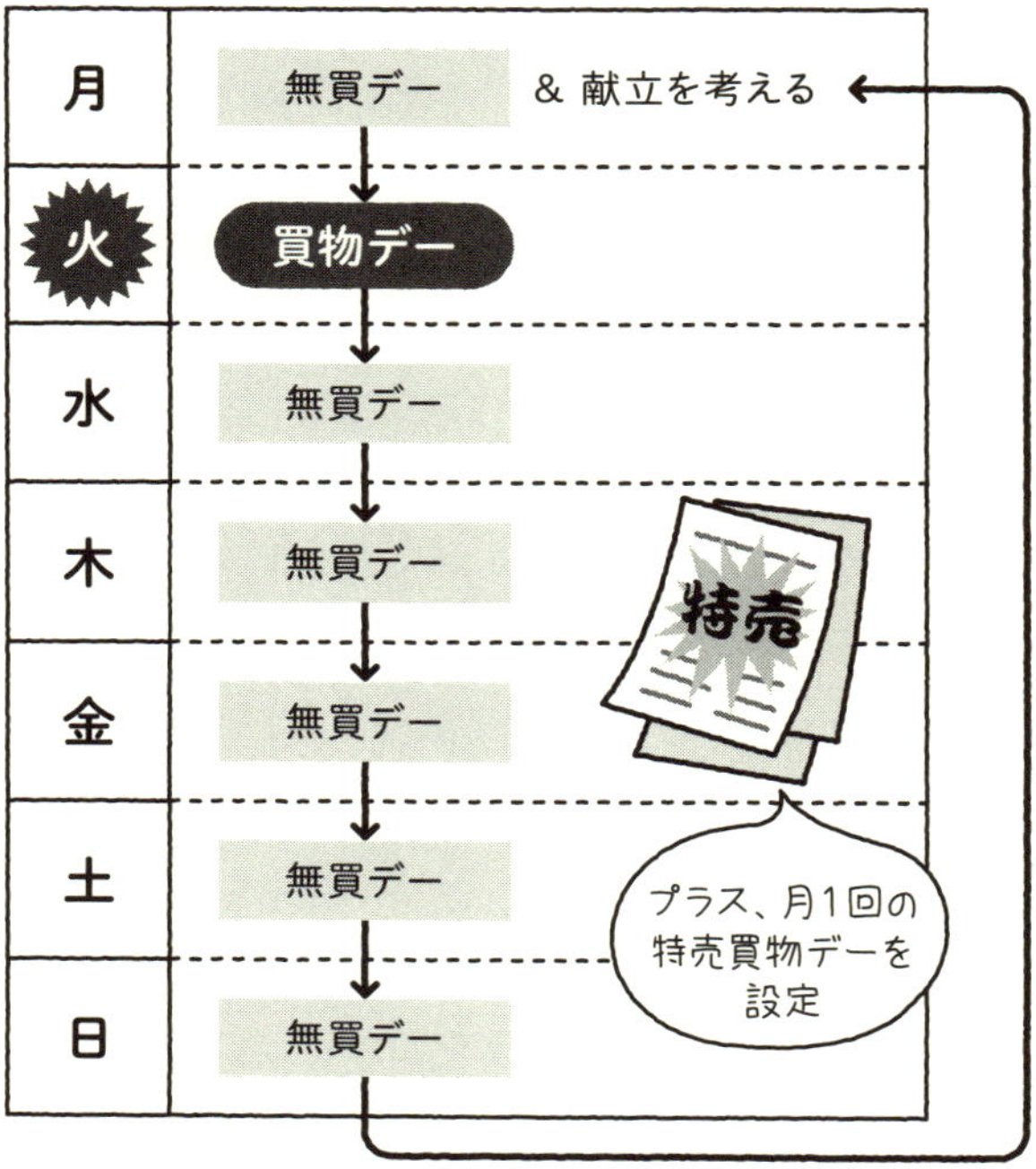

このサイクルを守って節約

31 効率的に夫の昼食代を節約する方法

食費

夫の昼食代を節約するための基本は、お弁当を自宅で作って持たせること。これは定番の方法ですね。

ただ、子どもが小さかったり、妻も働いたりしている場合は難しいかと思います。しかし、毎日じゃなくても、週3回作るだけでもだいぶ違います。前日の残り物や作り置き食材を詰めるだけなら所要時間は5分程度なので、取り入れることをおすすめします。

◎夫が自分で昼食代を支払ったときは家計から精算

それと、わが家で導入しているのは「昼食代の精算制」。

夫のお小遣いとは別に昼食代を渡している家庭もあると思うのですが、わが家では何らかの理由(私が朝お弁当を作れなかった、仕事の関係でお弁当を持っていけなかったなど)で、**夫が自分で昼食代を支払ったときのみ、そのお金を家計から精算するようにしています。**

なぜなら昼食代をお小遣いと別に渡すより、このほうがムダが出ない可能性が高いからです。

これは個人的見解ですが、男という生き物は〝金が手元にあればあるだけ使う〟気がします(もちろん例外もありますが)。

昼食代を先に渡すと、ムダ遣いされてしまう可能性がありますが、精算制ならそんな恐れはなし。精算を減らすためにお弁当作りを頑張ろうとも思えるので、すごく効率的です。

ただこれには、もちろん夫の理解がなければできることではありません。ちなみに私の夫は「後で精算してもらうほうが、その都度お金をもらうよりラクだ」と言っています。

Check!

小遣いはランチ代ではなく、自由に使えるお金として位置づけたほうが、旦那さんのお金のストレスがたまりにくいもの。ランチ代は都度、渡すようにするとランチ1回分の予算感も夫婦で共有できますし、ランチ代の使いすぎも防げます。

32 食材はチラシチェックで目玉食品を狙おう

食費

買い物に行く前に、特売品の情報をチラシでチェックするのは重要な作業。私は某大手ショッピングモール内にあるスーパーへよく行くのですが、そこでは毎週火曜日に特売を実施しています。ですから私の買物デーは火曜日です。

ただ、この特売日に通い続けて感じたのは、いかに特売と言えど、チラシに掲載されている商品以外は、さほど安くないということ。売り場は盛り上がっているので、何となく色々買いたくなってしまいますが、冷静になってよく見ると、特売品以外は他のスーパーで買ったほうが安いと気づくこともしばしば。

なので、**特売の雰囲気に呑まれず、チラシに載っている安いものだけを厳選し、スーパーは使い分けるべきだと感じています。**

スーパーによっては、生鮮食品が安いところ、調味料が安いところ、乾物が安いところなど、特徴があるかと思います。そこを使い分ければ、上手な底値買いができるようになると思います。

ところで、最近は新聞をとっていない家庭も多いですよね。その場合、チラシが見られないことになりますが、それでも大丈夫！　チラシはスマホやパソコンでネットにつなげば見られます。

◎新聞をとっていない人は、アプリでチラシをチェック

まず、スマホかタブレットはある方はアプリのストアで「シュフー」と検索してみてください。正式名称は「シュフーチラシアプリ」です。

「シュフーチラシアプリ」は無料のアプリなので、インストールすれば手軽に毎日、アプリから家の近所にあるスーパーのチラシが見られます。パソコンからチェックすることも可能です。

使い方としては、特売品ばかりを探すのではなく、他の食品や日用品などもチェックすること。「このスーパーはお肉」「このスーパーは魚」など、スーパーを使い分ける参考情報にするのもいいでしょう。

すべてのスーパーに対応しているわけではありませんが、大手スーパーは大抵カバーしているので、とても便利です。

33 冷凍を上手に利用して食費を節約しよう

食費

食材をムダにしないための基本、それは冷凍することです！

たとえば、晩ご飯の残り物。もったいないからって無理にでも食べちゃったり、捨てちゃったりしていませんか？　どちらにしても、もったいないですよね？

そんなときは「適量食べて、後は冷凍」にします。

実は冷凍できる食品って数え切れないくらいあるんですよ。「冷凍食品コーナー」にある野菜は、全部自分で冷凍できるということですから。

まず、必ずやっておきたいのは余ったご飯の冷凍。これは常識ですね。まあ、できるだけ余る炊き方はしないのですが、それでも余ってしまうときもあるの

Check!

冷凍にしておくと、節約という視点だけではなく、万が一足りなくなった時の補充にも使えるので、とても便利です。食材はひと手間かけてきちんと保存すると、長く食べられます。

で、そんなときはご飯一膳分ずつラップに包んで、ジップロックに入れて冷凍します。一膳分に不足するときも、もちろん冷凍します。

ご飯以外では、生のお魚もお肉も冷凍できますし、調理後のハンバーグ、カツ、コロッケ、パン、かぼちゃの煮物、茹でたブロッコリー、青菜類、切干大根、きんぴら……大体、何でもそのまま冷凍できます。冷凍できないもののほうが少ないかもしれないぐらいです。

ただし、こんにゃく（しらたきも）やじゃがいも、厚揚げなんかは、食感がスカスカになって食べられないので要注意です。

◎冷凍した食品は解凍の仕方に注意することで味が変わる

解凍の仕方を失敗すると、味が悪くなってしまうので「冷凍はやっぱりダメね」ということになりがち。でも、きちんと解凍すれば、おいしさも一定レベルはキープできます。

たとえば、きんぴらや切干大根は、自然解凍が一番です。自然解凍ならおいしさはそれほど損なわれません。何より、自然解凍は余計なコストもかからない。なので、食べる数時間前には冷凍庫から出して、室温で解凍します。

きんぴらも切干大根も、お弁当に入れるときは、凍ったまま入れても大丈夫。夏は保冷材代わりになりますしね。

煮物系、ハンバーグなども基本的に室温で解凍します。レンジでチンは、食材によってはべちゃべちゃになったり、味が落ちたりすることもあります。生のお肉や魚などが特にそうですね。私の場合、生のお肉・魚は冷蔵庫で自然解凍させています。

問題なのは冷凍したお肉の揚げ物類（カツやから揚げなど）。これ、冷凍からいきなりレンジで「解凍あたため」をするのはやめましょう。はっきり言って「食べるのは不可」な領域です。

以前、夫のお弁当にレンジで解凍したから揚げを入れたら、後から「ビーフジャーキーみたいになっていて食べられなかった」と言われました。そこで、自分でもから揚げやとんかつを凍ったままレンジ解凍して、すぐに食べてみたのですが、たしかにビーフジャーキーみたいになっていました。

　そのため、お弁当に冷凍したから揚げやとんかつなど、お肉の揚げ物を入れたいときは、解凍せずにそのまま入れてください。もちろん、はじめから「冷凍食品」として売っている揚げ物は、チンしても大丈夫です。


　自分で作った揚げ物だけでなく、スーパーで売っているお惣菜の揚げ物も、冷凍食品用としては作られていないので、冷凍してからチンするのはNGです。

　これらは自然解凍するのが一番なので、お弁当に入れないときは、しばらく冷凍庫から出して室温で解凍しましょう。

冷凍した料理の解凍法

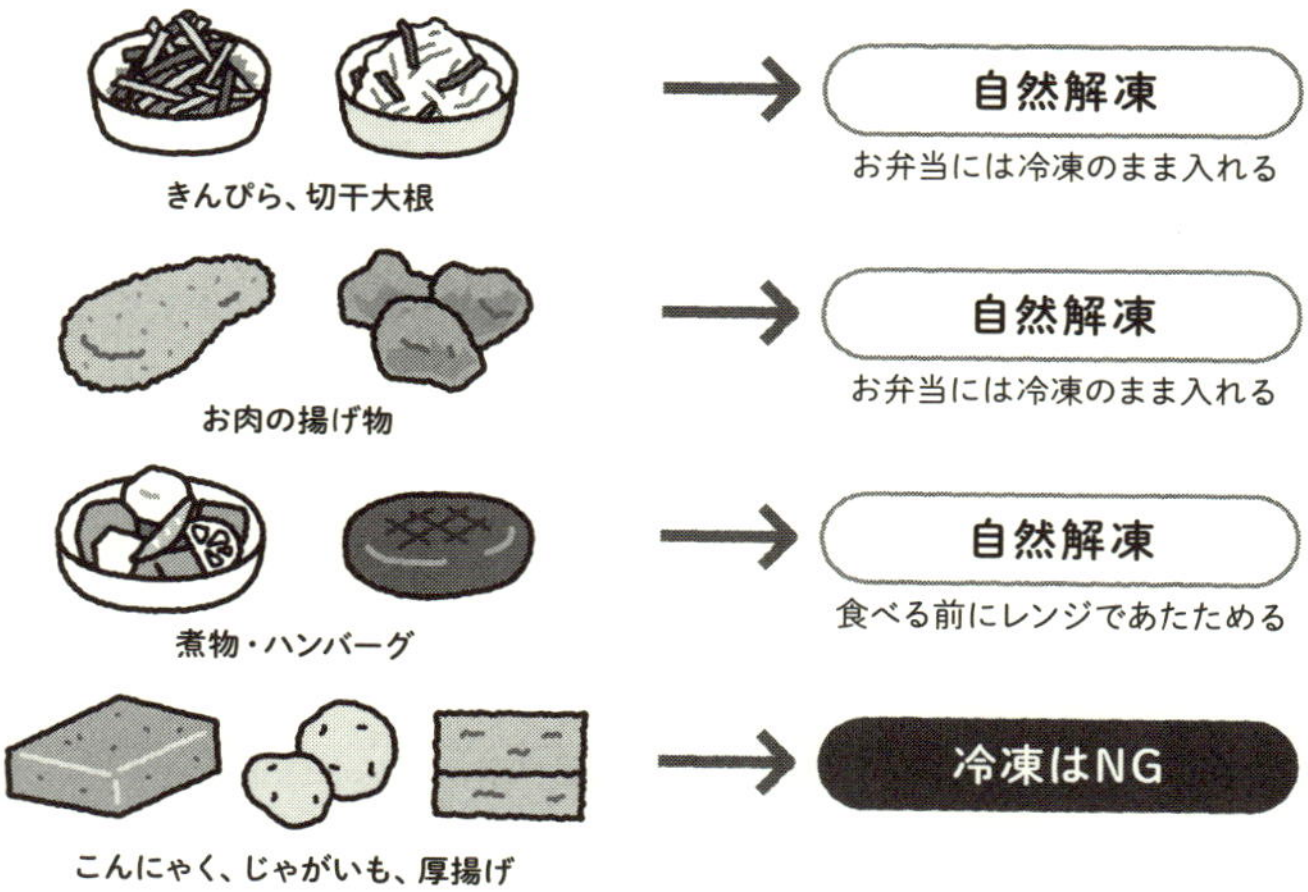

column 06 食費

頑張りすぎるとつらくなる たまの外食でごほうびを!

食費節約の基本は、やっぱり自炊をすることに尽きます。さらに、買った食材をあまらせずに使い切ることも重要。そのためには、ある程度1週間のうちに食べるものを決めておいて、まとめ買いをすると効果的です。買い物の回数が増えると、ムダ遣いの可能性も高くなるので、週に1～2回しか買い物しないように心がけてください。1週間分以上のまとめ買いで冷蔵庫をギュウギュウにすると、中身が把握しきれなくなり、食べきれずにダメにする食材を出しかねないので、あまりおすすめできません。

ムダ予防には、1週間の始まりに予算金額をお財布に入れ、その範囲内でやりくりすると◎。そうすれば、お財布の中身の減り具合を見るだけで、家計簿に頼らなくてもお金を使うスピードがわかり、効果的に食費（＆日用品も）コントロールができます。カードで買いすぎてしまっている人は、食費だけ現金払いにするのも手です。

ただ、ずっと節約メニューだと切なくなってしまいますし、自炊オンリーでは調理担当の人（多くの場合は妻、でしょうか）が疲れてしまうのも事実。ときには外食もアリとして息抜きしたほうが、節約を継続できると思います。

Chapter 7

日用品費の節約はアイデア勝負

34 通販でしっかりガッチリ得する方法

日用品費

みなさん、ネット通販を利用していますか？　私は頻繁に利用しています。最近でこそあまり失敗はしませんが、昔は何かと失敗して、ムダ遣いを繰り返してきたことも……。そんな経験を踏まえて、私流の通販でお得に買い物をする基本テクニックを紹介します。

まず、私の中の鉄則は「初物」（特に衣類や靴）を決して通販では買わないこと。初物というのは、実際に手に取って眺めたことのないもの、です。試着したことのない、初めて買う衣類、靴などの〝身に着けるもの〟は、決して通販で買ってはいけません。

過去を振り返ると、衣類に限って言えば、ざっと7割ほどの確率で失敗しています。まあ、何となく着心地よくないなーという服を、せっかく買ったし、我慢して着たりしていることもありますが、やはり身に着けるものは、実際手に取らないとわからない部分が多すぎます。

「思ったより生地が薄すぎる（厚すぎる）」とか、「自分のサイズで買ったはずなのに、ちょっとキツイな」といった事態が、本当に高い確率で発生します。

バッグや靴なんかも、インターネットで見たときには素敵に見えたのに、届いてみたらあまりにも安っぽい作りだったり……。

ですので、もしどうしても通販で（ネット通販に限らず、カタログ通販でも）身に着けるものを買いたいときは、〝着たこと（実際に見たこと）のあるもの〟に限定してください。

つまり、**すでに持っているものと同じものをリピート買いするか、以前店頭で試着し、迷ってやめたものの、やっぱりほしいと思ったものを買うか――であればOKということです。**

このルールを徹底すれば、絶対に服を買って「何か違う……」と失望する恐

Check!

衣類を通販で購入するのは本当に難しいです。実際と異なることも多いと思うので、価格の参考に検索する程度がいいでしょう。もちろん、一度実際に見たものと同じ商品をネットで購入しようというのはOKです。

れはなくなります。ネットサーフィンで、目についた服を衝動買いするなんて、論外です。

◎激安店で買うより高いものは、ポイントでも買わない！

結局、身に着けるものは、原則としてネット通販ではなく実店舗で買うべき、というのが結論です。逆に、ネット通販が便利なのは、医薬品や日用品のような、どこで買っても品質が同じもの。家庭に常備しておきたい風邪薬、整腸薬なんかも、今は簡単にネット通販で購入できます。私は楽天のポイントを貯めているのですが、ポイントを使うときには切らした医薬品、日用品を買うことにしています。これならムダ遣いにはなりませんしね。

でも、ここで一つ注意。いくら楽天ポイントを使うと言っても、実店舗の激安店で買うより割高なものを求めるのはもったいないです。

ネット通販と実店舗、どっちが安いとは言い切れないですが、ネット通販の世界は、探しまくればものすごく安いショップもあります。

「え？　そんなの本当にある？」というあなた、まだまだ探し方が甘いかもしれません。

私は、楽天などのネット通販は〝実店舗より安いものを求めるための場所〟だと思っています。ネット上には競合店がひしめいていて価格競争が激しいので、根気よく探せば安いお店も見つかります。

普通にお店で買うより安いものを、さらに楽天などのポイントで購入する。これぞ、究極の節約通販術です。

日用品とはちょっと言えないかもしれませんが、先日はプリンターのインクをものすごく激安でゲットしました。もちろん、ネットショップを限なく調べました。そうしたら、びっくりするような値段のものがあったのです。

「これ、ちゃんと印刷できるの？」なんて思いましたが、大丈夫、ちゃんと印刷できました。つまり、プリンターのインクみたいに、どこで買ったって同じ、というものを安く求めるのが、一番単純かつ失敗のない通販お得術なんですね。

この基本ルールをどうぞ守ってみてください。くれぐれも衣類失敗率7割なんかになりませんよう、しっかり通販で得してくださいね。

インターネットでの買い物でいいのは、ゆっくり価格を比較しながら購入できるというところ。飛びついて買う必要がないのですから、ポイントを使う時も現金で購入する時と同じ感覚で買い物をしたいですね。

35

食器用洗剤を薄めれば400mlで2カ月以上もった！

日用品費

食器用洗剤、原液をそのまま使っている人が多いと思います。でも、わが家は、水で薄めて量を増やす、という方法を実践中。

そのほうが、当然ながら減るスピードが遅くなり、しょっちゅう洗剤を買わずに済みます（ちなみにわが家には食洗機がありますが、結構手洗いもします。なので、洗剤は日々、それなりに消費しています）。

ただ、この方法、一つネックがあります。それは、水で薄めると雑菌が発生する（らしい）ということ。

詳しく確かめる術がないので、どれくらい雑菌が発生するかはよくわかりません。目で見て、あるいは感触などでわかることでもないですし……。ちなみに大手洗剤メーカーのホームページには、水で薄めた洗剤について「長時間保存すると、雑菌が混入し、変質する恐れがある」などと書いてあります。いずれにせよ、雑菌入りはやっぱりイヤですよね。

だからといって、原液をそのまま使うのももったいない。そこで私は、「食器用洗剤は薄めるけれども、できる限り雑菌が発生しないかな？」と思われる方法を、実践しています。

◎毎回1日分だけ思い切り薄めて使い切る

私が採用しているのは、「原液を水で薄めたまま放置しない」という方法。つまり、雑菌に大増殖する時間を与えないということです。ですので、**洗剤の原液を水で薄めたら、1日で使い切るようにします。**

手順は次のとおりです。

①４００mlの洗剤の詰め替え容器がカラになるまで待ちます（つまり、普通に使ってください）。

②その容器を〝薄めた洗剤を入れる容器〟にし（９００mlなどの大容量の容

洗剤を１日分ずつ薄めて使う場合、１日の量を見誤らないようにしましょう。知らず知らずのうちに、多めの量に慣れてしまい、結果使いすぎていたということも無きにしも非ずです。

Check!

器は、ちょっと使いにくいです)、新しい洗剤の原液を用意します。

③食器を洗う際は、カラの400ml容器に、原液を1日分入れます(量は目分量。ごく少量で大丈夫ですが、調節してみてください)。

④そこに、さらに水を容器の半分程度まで入れて洗剤を薄め、よく振りながら使います。

食器を洗う回数は、1日1~3回でしょうか。ともかく、薄めた洗剤は1日で使い切るようにします。さらに、毎日夜には容器をカラにして乾かしておくようにもしています(ちなみに大手洗剤メーカーでは使用の都度薄めることを推奨しています)。

このやり方を導入した当初は、毎日〝食器用洗剤を薄める作業〟が発生するので、途中でイヤになるかな~と思っていたのですが、慣れてくると意外と面倒には感じません。

ただ、薄めた場合の洗浄力や泡立ちの部分に関しても気になりますよね。洗浄力は、普通レベルの汚れ物を洗う分には気になりません。ただ、油がべったり付着した鍋などを洗う際には、さすがに弱いかな? という感じなので、そ

のときのみ洗剤の原液を足して使っています。

泡立ちについては、本当に何の心配もありません。毎回容器を振ってから使えば、驚くほど泡立ちます。

この方式で洗剤（４００ml）を使ってみると、思った以上に洗剤を長持ちさせることができました。わが家では、食洗機で6割くらい洗って、４割は手洗いですが、それで洗剤の原液を使い切るまでに要した期間は70日強！ 基本的にほとんど外食はなく、お弁当も作っているわが家なので、毎日洗い物は多いです。それでもこれだけ持ったならば、やっぱりこの方法、お得と言えるんじゃないでしょうか？ 雑菌が気になる人でも、このやり方を試してみてはいかがでしょう。

原液を薄めて使う手順

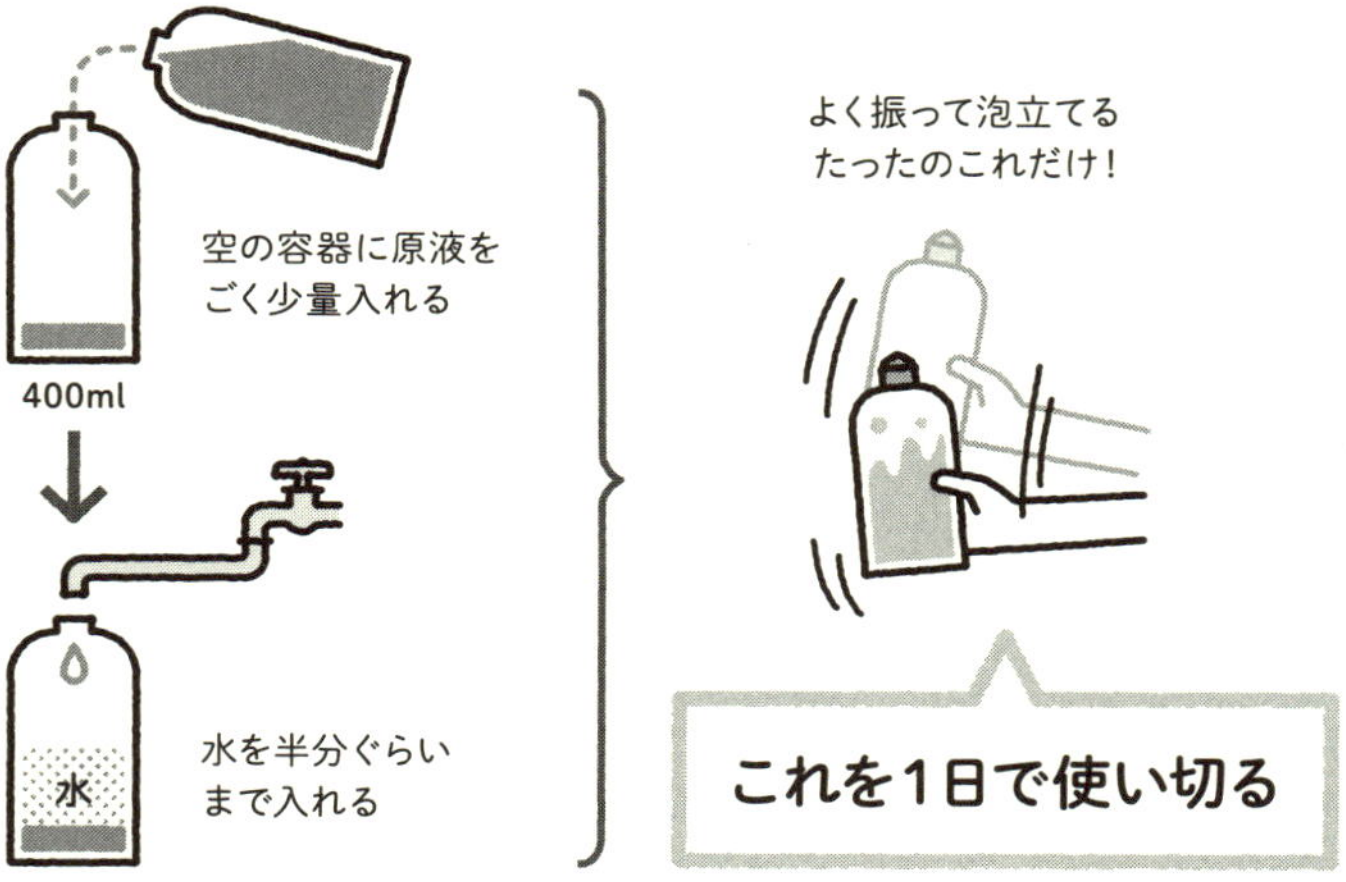
空の容器に原液をごく少量入れる
400ml
水を半分ぐらいまで入れる
水
よく振って泡立てる
たったのこれだけ！
これを1日で使い切る

日用品費

36 ミックスペーパーの分類でごみを減らそう

ごみの分類方法は自治体によって違いますが、燃やすごみや資源ごみは、恐らくどこの自治体にでもありますよね。

燃やすごみの説明は不要だと思いますが、一応資源ごみについて説明しておきます。資源ごみとは、再資源化が可能なごみのこと。

具体的には、

- **ペットボトル**
- **食品トレイ**
- **びん・缶**
- **紙類（新聞・雑誌・ダンボール・紙パックなど）**
- **電池**

などを指しています。

私も、分別をきっちりやって、資源になるものはきちんと資源ごみに出し、エコ活動に努めているつもりでした。が！　実は最近まで「ミックスペーパー」の存在を知らなかったのです。でも、知らない人もいると思うので、ここではミックスペーパーについて紹介します。

ミックスペーパーとは、家庭から出る紙のごみのこと。資源ごみに分類されない紙のごみです。たとえば、下図にあるようなものはミックスペーパーに分類されます。

細かく言うとまだまだありますが、主なものと言えばこんなところでしょうか。

これを見ればわかるように、新聞・雑誌・

ミックスペーパーに分類されるもの

- はがき
- 封筒
- ダイレクトメール
- ノート
- 写真
- シュレッダーにかけた紙
- レシート・伝票
- 包装紙
- メモ用紙
- 紙袋
- カタログ・パンフレット
- 紙コップ
- 事務用紙（コピー用紙・感熱紙・感圧紙）

これらで家庭ごみの３割を占める

ダンボール・紙パックなどの資源ごみに分類される紙のごみ以外は、ほぼすべてがミックスペーパーに含まれるんです。

ただ、紙なら何でもいいわけではなく、トイレットペーパーの芯や鼻をかんだりして汚れた紙、ウェットティッシュ、紙おむつ、紙のお弁当箱、銀紙、それにアルバムなんかはミックスペーパーには分類されません。

◎ミックスペーパーは有料ごみ袋ではなく紙袋で出せる

大抵の自治体は、資源ごみの日に、ミックスペーパーも捨てることができるはずです（もし、住所地のある自治体で回収がない場合は、コミュニティーセンターに自分で持っていく、などの手もあります）。

ただ、ミックスペーパーについてよく知らず、全部燃やすごみにしている家庭もあるのではないでしょうか。

新聞・雑誌やダンボールなどが資源ごみであることは知っていても、ミックスペーパーについては知らない人も多い気がします。

ミックスペーパーを分別すると、燃やすごみは大幅に減ります。わが家の燃やすごみ、以前は3割くらいミックスペーパーだったと思います。

わが家は、燃やすごみを出すときに1週間で10リットルのごみ袋を2つ使っていましたが、ミックスペーパーが減れば10リットルのごみ袋一つと5リットルのごみ袋一つで十分。

うちの自治体では5リットルのごみ袋が1枚10円、10リットルのごみ袋が1枚20円なので、1週間で10円の得になります。

ちなみに、ミックスペーパーをごみとして出すときは、有料ごみ袋ではなく適当な紙袋で出せますし、自治体によっては、ミックスペーパー専用袋を無料でくれるところもあるみたいなので、ぜひ調べてみてください。

Check!

東京ではごみ収集は無料で行ってくれますが、燃えるごみ一つでも有料である自治体は増えています。以前住んでいた札幌市は有料でした。資源ごみの回収は無料の場合が多いでしょうから、資源ごみはしっかり分別して出したいですね。

37 余った年賀はがきは切手に換えて、ゆうパックなどに使おう

日用品費

年賀はがきや暑中見舞いのはがきなどなど、余ったはがきってどのご家庭にもあるのでは？　わが家でも、かき集めたら１００枚くらいありました。

でも、余った年賀はがきなんて、懸賞でもやっていない限りはなかなか使い道がないものです。で、これをどうするか。おすすめしたいのは、郵便局に持っていくことです。書き損じのはがきでも、ものすごく古いはがきでも、使用済みでなければ（投函されたものでなければ）切手と交換してもらえるのです。

ただし、はがきを交換する際には、１枚あたり5円の手数料が差し引かれます。つまり、52円のはがきを20枚持って行ったら、１枚あたり5円差し引かれて、９４０円分の切手がもらえるわけですね。

「いやいや、切手がたくさんあってもしょうがないし」と思うかもしれません

が、切手は「ゆうパック」の送料に使えますし、「レターパック」を買うこともできます。実は**切手って、はがきや封筒に貼り付けるだけでなく、郵便局でお金のようにして使えることもあるのです。**

たとえば、荷物を送るときに便利な「ゆうパック」。１０００円の運賃がかかる場合は、１０００円分の切手で支払いができます。

Ａ４サイズ・４kgまで全国一律料金で送れる「レターパック」の封筒も、切手1枚につき5円の手数料で買うことができます。なので、仮に３６０円のレターパックだとしたら、３００円切手（あんまり見かけませんが）と60円切手を出せば、後は切手1枚につき5円の手数料なので、10円支払うとレターパックと交換できます（少額の切手を何枚も出すと、手数料が高くつくので注意！）。

私も、通信用のモデムをゆうパックで返却するのに、書き損じはがきを持って郵便局に行ってみました。運賃１０００円超えでしたが、どう転んでも使用できない書き損じはがき26枚で、無事送ることができました。

大量の年賀はがきやら、書き損じはがきで困っている方は、どうぞこんな方法で、有効にお使いください。

Check!

書き損じのはがきなどは、切手の他、直接レターパックや新しいはがきにも換えることができます。切手を持っていってゆうパックを送ることも可能。書き損じだからと捨ててしまうのは、もったいないですね。

38 クエン酸が掃除にめっちゃ役立つ&超安価な話

日用品費

今、わが家では「重曹」と「クエン酸」を使って掃除するようにしています。本当に、重曹とクエン酸さえあれば、家の掃除に関しては、もう他の洗剤類は必要ありません。ここでは「クエン酸すごすぎ!」という話をしますね。

私の場合、まずは100円ショップで「120gで105円」というクエン酸を買ってみました。どんなものか試すのに、最初は安く簡単に手に入れてみたんです(結果的に、安いもので十分でした)。

手始めに食洗機をお掃除。長期間放置しておいたので、内部がかなり白くなっている状態でした。クエン酸の説明書きには、

「クエン酸50gを食洗機に入れて、食器を入れずに普通に回してください」

とあったのですが、50ｇも入れたら洗剤入れから溢れそうだったので、25ｇ程度のクエン酸を入れてみました。乾燥機能を使わず、スピーディーコースで回したところ……なんと、終わってみたら、内部はピッカピカ！　ただクエン酸を入れて稼働させただけで、新品同様みたいにきれいになったのです。

もう、これを見た瞬間に「クエン酸すごい！　効果アリまくりじゃん！」と超感動してしまいました。

◎「クエン酸水」は水アカ、トイレ系が得意です

そして早速「クエン酸水」を作って、掃除を開始することに。

まずは、クエン酸水の作り方を紹介します。と言っても超簡単。「クエン酸大さじ1に対して500mlの水」を合わせて、シャカシャカ混ぜるだけです。

最初に、とても気になっていた、風呂場の床を磨きました。普段から掃除はしていたものの（週1回ペースですが）、ルーティンの流れ作業だったので、汚れが取りきれていなかったんですね。何となく黒っぽい感じだったんです。

それまではお風呂用の洗剤を使っていましたが、クエン酸水で磨いたほうが

水アカはよく取れます。クエン酸水を床にまいて少し放置してから、スポンジでこするだけで、パッと目につくピンク色っぽいぬめりなんかはスイスイ取れます。これなら掃除に関して完璧主義の人でも納得できるはず！

わが家のお風呂の床で言えば、新品の状態が100点だとして、クエン酸水掃除前は50点の汚さ。それが、3回ほどクエン酸水で磨いて、80点くらいにまで急激に汚れが落ちました。

ただ、お風呂は重曹水（重曹を水で溶いたもの）で磨くのが一般的みたいです。クエン酸水のほうがよく取れるとは思いますが。毎日のようにきっちり掃除する人は、重曹水で十分かもしれません。

クエン酸水は1カ月で使い切らなくてはならないみたいなので、私はお風呂の他、洗面台の掃除にも使っています。やっぱり水アカ専門。重曹水も使ってみましたが、クエン酸水のほうが〝キュキュッと感〟が違いました。

排水口も、重曹水よりクエン酸水のほうがきれいになりますね。

クエン酸水は酸性がかなり強いので、本当は部分洗い用にすべきところのよ

洗剤代を節約したい人に、クエン酸、重曹が人気です。クエン酸は酸性で水回りの汚れによいですし、重曹はアルカリ性で油汚れに効果あり。節約の他、エコでもあるので、これらはさまざまな使い方がされています。

日用品費

う。全般的な掃除には重曹水を使うのが本来のやり方らしいのですが、うちはまだまだ汚いので、しばらくはクエン酸水をフル活用します。

また、酸性が強いので、すすぎはしっかりやるようにしてください。クエン酸水で磨いても泡が出ないので、ササッと済ませてしまいたくなりますが、ここは、しっかりすすいだほうがよいようです。

ちなみにこれだけハードに使っても、意外とあまり減りません。少量で抜群の効き目。コスパ面でも、掃除用洗剤などと比較すると、クエン酸水はお得です。また、1カ月で使い切らないときは、洗濯の柔軟剤代わりに使うといいようです。

クエン酸で食器もピッカピカ

クエン酸水の使用期限は1カ月。使い切れなかったときは「洗濯の柔軟剤代わりに使ってしまう」という手もアリ。

39 ティッシュを気軽に使ってない？

日用品費

「あ！　こぼした！」というとき、気軽にティッシュを何枚も出して、どんどこ拭いていませんか？　お茶や食べこぼしまで、気軽にティッシュを使っていると、すぐになくなってしまうので絶対にＮＧです。

ティッシュは一回使ってしまったら再利用できません。もう捨てるしかないんですね。だったら、なるべく使わないようにするべきでしょう。そのためには、どうすればいいのか？　わが家で心がけていることは次の２つです。

①食べ物、飲み物をこぼしたら、ふきんやぞうきんで拭く

②子どもの手の汚れは「お手拭き」をいつも用意する（ここ重要！）

まず、ふきんは洗えば使い回せますし、くたびれてきても用途を変えながら再利用すればいいのです。

たとえばわが家の場合、新しいふきんは食器を拭くのに使い、くたびれてきたら台ふきんにします。順序で言うと、「食器を拭くふきん⇓台ふきん⇓台所の掃除用ふきん」みたいな感じでしょうか？　子ども用のお手拭きも、くたびれてきたら「お手拭き⇓家の床用ぞうきん⇓トイレ用ぞうきん」みたいな感じで再利用し、完全にぼろぼろになったところで処分しています。

◎ティッシュ5箱は半年分が目安

ちなみにスポンジも使い回しています。食器用スポンジをシンク洗い用スポンジにしたり、お風呂用スポンジにしたり。お徳用のスポンジをまとめて買ってくれば、使い回し作戦で2カ月半は買い替えずに済みます。

話をティッシュに戻しましょう。ふきんやお手拭き、ぞうきんを使う習慣にしておけば、ティッシュはあんまり使わずに済みます。鼻をかむとき、まれに子どもが吐いたものを片付けるときくらいでしょうか。なので、**わが家ではティッシュ5箱パックは、半年に一度くらいしか買いません。**月イチくらいで買っている家庭もあるかもしれませんが、工夫次第で半年に1回にできますよ！

ふきんは最終的にはぞうきんにして、汚くなったら捨てればいいですね。ふきんも役割を全うしたことになります。また、街頭などで配っているポケットティッシュをきちんともらうことも、ティッシュの節約になります。

40 固形せっけんはネットに入れて使い回し

日用品費

わが家は、基本的に日用品全般をあまり買いません。

たとえば、掃除のときには、どこを掃除する場合でも、大抵安価な重曹やクエン酸を活用するため、掃除用の洗剤を買うことはほぼありません。

他にも、少しの手間をかけることで、日用品費の節約につなげていることはあります。その一例が、固形せっけんの使い回しです。

今では、液状のハンドソープやボディソープなどが主流かもしれませんが、そもそもせっけんは「固形」のものです。それを現代人の生活に向くように、さまざまな薬品で液状にしているため、昔に比べると肌トラブルを訴える人が増えているというのをある本で読んだことがあります。

固形せっけんって、泡立つまでに時間がかかるし、たしかに面倒ですよね。ですが、その本を見てから、わが家では固形せっけんを使うようにしています。

◎小さなせっけんはネットに入れて再利用

ただ、固形せっけんで悩みどころなのは、小さくなってからムダなく使い切るのが難しいところ。そこでおすすめしたいのは、小さくなったせっけんをネットに入れて使うことです。昔、学校の水道についていた（知らない人も多いかも）、たまねぎやみかんの入っているネットみたいなやつですね。今では「せっけん用ネット」として、100円ショップなどで販売されています。

ネットに入れたせっけんは、洗顔用や汚れ落とし用に使います。両方の用途で使いたい場合は、もちろん2つ作ってください。

固形せっけんは、襟元などの部分洗いに効果的です。「襟元汚れ用洗剤」とか「靴下汚れ用洗剤」などもありますが、固形せっけんでゴシゴシして、そのまま洗濯機にポイすれば、汚れ落ちは専用洗剤よりも固形せっけんのほうがいいように思います。せっけんの中には体を洗えて食器洗いに使えるものもあるので、そういったものならより一層使い回し効果がありますね。

Check!

小さくなった固形石鹸は扱いに困ります。つい、流れていっちゃったということもありますよね。ネットに集めて入れる方法、よいと思います。みなさんも実践してみてください。

41 ホームクリーニングは臆することなくどんどんやろう

日用品費

被服費というのは、洋服を買うのにかかるお金だけではありません。洋服を手入れするのにかかるお金――つまり「クリーニング代」も、被服費です。クリーニング代を浮かすための節約テクニックとして有名なのは、ホームクリーニングですね。

わが家でも、ダウンジャケットなんかはよく家の洗濯機のドライ機能で、シルクなどの繊細な製品も洗える洗剤や撥水剤を用いて洗濯しています。これなら、1枚1200円くらいかかったりもするクリーニング代を支払わずに済む！　もちろん、洗剤代はかかりますけどね。

このやり方で、ホームクリーニングに関しては、ずっと失敗なくやってきた

Check!

洗濯機の機能がずいぶんとよくなっているので、家庭でドライクリーニングすることも可能になりました。洗濯方法を間違えると着られなくなることもあるので、衣類の洗濯方法は表示をしっかり確認しましょう。

んです。ところが！　先日〝表が青で裏地がオレンジ〟のダウンジャケットを、ホームクリーニングしたところ……洗濯の途中（脱水前）に、ダウンジャケットの表裏両方に大きなシミのようなものを発見！

「まだワンシーズンしか着ていないのに〜！」と大ショックでした。インターネットで調べても「ダウンジャケットの家庭でのシミ抜きは無理」という情報しかなく……。

まあ、表は「若干まだら？」な感じで、むしろ裏地のほうがシミは大きく見え、「最悪、あまり裏が見えないようにすればいいか」と諦めかけたんです。が、「とにかく脱水だけはしよう」と、脱水をかけて取り出したところ……あれ、あの汚いシミ、ほとんどなくなっているけど……。


あれこれ考えた結果、出した結論。それは、一時的に表地と裏地がくっついてしまい、まだらに見えたのではないか……というもの。定かではないんですけどね（ただ、裏地には表地の色移りのようなものが一部アリ）。

でも、私はそれまでたまたま失敗がなかっただけで、ホームクリーニングによる失敗から、シミ抜きなどで余計にコストがかかる例は多いようです。

シミ関係の失敗を防ぐためにおすすめしたいのは、「ジャンパー類はすべて黒(裏地も含み)を求めるべし！」というもの。あまり解決したようには思えないかもしれませんが、これなら臆することなくホームクリーニングできるので、おすすめです。

◎自分で洗えないものは極力買わない

その他のクリーニング代の節約で私が実践していることと言えば、ニット系の衣服の選択です。洗濯の際は洗濯機の「ドライコース」を使って洗ってしまっていますが、あまり頻繁に洗うと形が崩れたらイヤなので、5〜6回は着てから洗うようにしています。ニットを着るときは冬だと思うので、ニットの中にネックシャツなどの洗えるものを着ると汚れにくいかなと思います。

そしてもう一つ。これはそもそもの話ですが**自分で服を買うときは「洗濯できないもの、クリーニングが必要なもの」は極力避けること。**専業主婦の人、もしくはパート仕事で服に特に規定がない場合は、この方法が一番です。

Check!

クリーニング代も頻度が多くなると、かなりの金額。自分で洗濯できるものを選んで洋服を購入するという視点の買い物もよいと思います。最近はスーツも自宅で洗濯可能なものがありますしね。

日用品費

ダウンジャケットのホームクリーニング手順

その1 特に汚れが目立つ所はまず手洗いで

襟や袖口など汚れが目立つところはまず手洗いしておく

その2 ネットに入れて洗濯機で洗濯

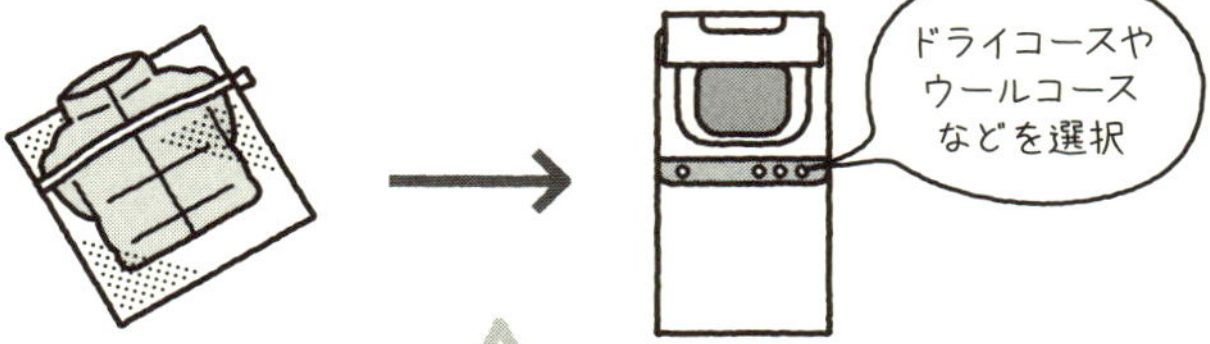

ドライコースやウールコースなど手洗いに準じたコースで洗う

その3 ドラム式の乾燥機で8割、あとは陰干し

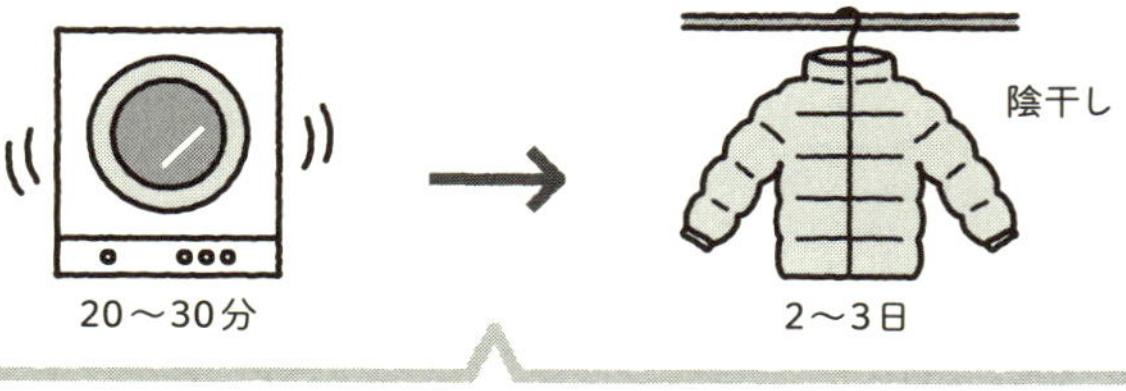

自宅にドラム式の乾燥機がない場合は、コインランドリーへ

42 夫の被服費、驚きの節約術

日用品費

私の夫は昔からおしゃれで、土日しか着ないのに、私の倍以上も服を持っており、クローゼットにしまいきれないほど。私がどんなに「断捨離」のすがすがしさ、素晴らしさを説いてもまったくダメなんです。

私と夫は、服に対する考え方が全然違います。私は「大人の服なんて何年も着られるし、クタッとなったら新しいの買えばいいじゃない」という考えの持ち主。一方、夫は好きな服をどんどん買いたいんですよね。

おしゃれ好きなのは仕方がない。でも、家計から夫の被服費をどんどん出してあげるわけにはいきません。なので、**わが家では夫の被服費は、家計からほとんど出しません。**それでいいなら、増やしてちょうだいという感じ。つまり、服はお小遣い（ちなみに月1万5000円です）で買ってもらうシステムにし

Check!

オシャレ着代を小遣いから出す、というのはよいと思います。ただ、生活に必要なもの、たとえば下着や最低限の衣類などは家計から出してもよいでしょう。

ているんです。そうしたら、服は前ほど増えなくなりました。

その夫も最近では学んできたようで、毎年ではないですが今はボーナスで小遣いが増えるお正月に、福袋を買うようになりました。

福袋ならお値段以上に入っているので、夫も喜んでいますし、それを2〜3年着まわしているようです。


むろん、下着や靴下は、仕事に着ていく必需品なので、家計から買います。でも、仕事用のTシャツは、汗をかくから脇が黄ばみます。なので「黒いTシャツのほうがいいんじゃない？」と何度も言っているのですが、夫いわく「白いピッとしたTシャツがいい」とのこと。そのため、仕方なく安いものを買い、黄ばんできたら処分して、また新しいものを買っています。でも、これってすごくムダな気がいつもするんですよね。「じゃあ、漂白すりゃいいじゃん」と思われるかもしれませんが、黄ばみを発見してから漂白するのでは遅いのか、漂白しても汚れが取れないのです。

Tシャツに限らず、白い衣類って手間がかかります。汚れが目立ちやすいし、汚れたら汚れたで、漂白の手間がかかる。これが、私的には合理的じゃなく思えてしまいます。

合理性だけで洋服を選んでいる私は、靴下だってオール黒です。一番汚れが目立たないので……。

◎夫のよれたTシャツは、捨てずにぞうきんとして再利用

白いTシャツに話を戻すと、下着がいずれ黄ばんでしまうのは仕方ないことだと思います。でも、黄ばむまでの時間を長くしたり、ニオイを抑える方法はあります。汗を思いっきりかいて汚れた下着などは、水と洗剤を入れたバケツに漬けて、洗濯するまで置いておくのです。

私自身は、病的なほどに汗をかかないため、ずっと「下着がにおう」という経験がありませんでした。ただ、ある日、雪かきをしていて、相当な重労働で汗が絞れるほど、下着が汚れたときがありました。

それを、次の日くらいまで洗濯かごに入れっぱなしにして、普通に洗濯し、乾かしたところ……驚いたことにぞうきんのようなニオイが。それで、「ああ、こ

日用品費

れが、たまに夫が言う『何か自分がクサイ』ってやつか」と納得。

それからは、家族全員分の下着を脱いだらすぐに洗濯液に漬けるようにしているので、雑菌のニオイに悩まされることはほぼなくなりました。

また、**Tシャツをすぐに捨てるのはもったいないので、適当な大きさに切って、〝ぞうきん入れ〟にしまっています。ぞうきん入れは家の数カ所に設置して、汚れを発見したときにすぐに取り出せるようにしておくと便利です。**

このTシャツぞうきんはあらゆる場面で活躍しています。特に便利なのは、子どもが吐いたときなどに、顔を拭ってあげるとき。Tシャツを切ったものはやわらかい綿素材なので、子どもの肌にも負担がかかりにくいです。そのまま気兼ねなく捨ててしまえるのも便利なところ。

こんな感じで、最後まで、夫の白いTシャツには頑張ってもらっています。


もう着られない衣類は、掃除に使って捨ててしまうのが、ムダがなくていいですね。窓際の湿気取りや、階段の拭き掃除、トイレ掃除など、大変重宝します。意外と吸水性もあるので、ただ捨てるのはもったいない！

Check!

43 長く使うものは〝価格が高くてもよいもの〟が節約になる

日用品費

私が普段愛用しているバッグは、バッグブランドとして有名なコーチのもの。値は張りますが、作りが丈夫なところが特長です。

私の場合、バッグには普段から結構モノを詰め込んでいるのですが、かといってバッグが大きすぎるのもイヤ。今のバッグはサイズ感がベストで、中身の取り出しやすさなども申し分なく、本当に愛用してきました。ところが、少し前にこのバッグのファスナーが壊れてしまいました。インターネットで「ファスナーを直す方法」などと検索してみましたが、やっぱり自力では直せませんでした。

とはいえ、大きさ、使い心地がジャストフィットなので、他のものと買い替えるという選択もしたくなかったんです。そこで、ファスナー直しを手がけるリメイク屋さんにいくらで直せるか聞いてみました。
すると「1600円で直ると思うよ」と言われ、実際に1600円でバッチリ直りました。リメイク屋さんによると、「バッグ自体はまだまだ使える。ファスナーは消耗品だから仕方ない」とのこと。つまり、ファスナーはバッグ自体の価格にはさほど関係なく、いずれは消耗して壊れるものなんですね。

バッグがそもそも安物だったら、普通は修理してまで使わず、簡単に「買い替えればいいや」となるのではないでしょうか。その点、**元々高価なバッグだと、やっぱり修理して大事に使おう、と自然に思える気がします。**

さらに、〝自分にとって使いやすいバッグ〟って、新たに見つけるとなると、かなり労力がいりませんか？　ファスナーの故障くらいなら直して使ったほうが、新しいものを探し回る労力も省けます。

「バッグを選ぶ時間が楽しいし、ストレス解消にもなるんだ」という場合は、有効な時間の使い方だと思うのですが、私のように「デパートに行く時間があるなら少しでも休んでいたい」という場合は、時間を取られた感覚になります。高品質なものを長く使うよさを再発見させてくれた事件でした。

これは財布にも共通して言えること。質のよい気に入った財布は長く大切に使おうとするので、財布の中をいつもきれいにたもとうとします。そうすると、財布の中のお金が整い、お金の流れがよくなることも！

column 07 日用品費

家族が窮屈に思う節約はやらないほうがいい！

食費の節約と共通して言えることですが、日用品や被服費の節約も、頑張りすぎるとだんだんしんどくなりがち。私の相談者の方でも、「ティッシュは２枚重ねになっているものを１枚ずつはがして使う」「洋服はリサイクル品しか買わない」などの声を聞くことがあります。

節約意識が高いのは素晴らしいですが、毎日使うもの、着るものに関してあまりに我慢しすぎると、節約疲れでストレスがたまることもあるでしょう。自分自身はそういったこまめな節約が好きでも、家族（主に夫）がげんなりしてイヤがる……という例はよく見かけます。

家族が明らかに浪費家な場合は、よく話し合って納得してもらうべきですが、そうでもないなら節約をやりすぎてしまっている可能性があります。家族のうちの誰かが「ケチケチしすぎて窮屈」と感じる状況は、幸せとは言えません。そんなときは、何をどこまで節約するか、見直す必要があるでしょう。見直しの尺度として有効なのは、ある程度楽しめることかどうか。必死に頑張ってやらなければいけないことは、精神的につらくなり、長続きしづらいので、気軽に楽しみながらできることを実践してください。

Chapter 8

レジャー・イベント費はどんぶり勘定にならず計画性を！

44

レジャー赤字を防ぐ「予定カレンダー」の作り方

レジャー費

せっかくお休みがあるときには、やっぱりお金をかけたレジャーを楽しみたいですよね。私は、家族みんなの思い出に残る出費をムダ遣いだとは思いません。このケチケチな私が、レジャーにお金を使うときは、すごく嬉しく思っているくらいです。

とはいえ、それで赤字になってしまってもいけませんので、ここでは赤字を防ぎながらレジャーを楽しむ方法をご紹介します。その方法とは、長いお休みのときに「予定カレンダー」を作って、その予定で発生するおおよその予算を書き込んでみること。カレンダーは、普段使いのカレンダーじゃなくて、別に用意します。今では「カレンダー　ダウンロード」などと検索すると、必要な時期の1カ月分のカレンダーを印刷することもできるので活用しましょう。

たとえば夏休みの予定カレンダーを作るなら、7・8月のカレンダーをダウンロードして、印刷。それから予定を書き込んでいきます。たとえば「7月30日・プール……2000円」「8月3日・遊園地……8000円」といった具合。**大まかなレジャーの予定と、家族全員分の出費の合計金額を書き込みます。もちろん、金額も大まかな予測の数字で構いません。**

金額が大まかなものであっても、この作業をすることで、まず「夏休みに大体いくらレジャーで使う予定なのか」がはっきりします。そのレジャー費が予算内であれば、レジャーはそのまま実行でOKです。

◎計画の時点で予算オーバーしたら、見直しを実行

問題は「あれ、こうやって計算したら1カ月で5万円以上もかかる！　予算オーバー、赤字だよ〜」などとなってしまった場合です。そんなときは仕方ありません、レジャー先を変更します。

「え〜〜！　せっかくの夏休みなのに、しょぼいところ行きたくないよ〜！」はNG。でも、「お金がかかるから、近所の公園でほとんどおしまい」にする必

人数がまとまると、旅費はかなりの支出になります。そのときにある程度の予算感を持っていると、ボーナスから出すべきか、貯蓄から出すべきかを考えられますし、お金のプランがハッキリします。

要もありません。予算の範囲内で練り直してみましょう。

行き先は、いつも子どもに合わせる必要はないと思います。親が息抜きすることだって、絶対に必要ですからね。

ちょっと私自身の子ども時代についてお話ししますと、私の実家、子どもの頃は比較的裕福だったので、よく旅行をしていました。札幌に住んでいたんですが、車で釧路まで行ったり。札幌から釧路って北海道の端と端に近いので、結構な長旅でした。でも、子どもの頃はこれが楽しくなかった。

なぜかと言うと、全然体を動かして遊べないから！　たまに途中で車から降りて、ただ景色を眺めるだけだったので……。湖を通ったときは、水遊びをしている人がいたので「私もやりたい！」と言ったものですが、「服が汚れるからダメ」と親がピシャリ。もう、全然面白くない！　でもこの旅行、親は楽しんでいたと思います。ただ、今となっては、たまに親の好きなことに子どもを付き合わせることだって、決して悪くはないと思っています。レジャーは子どもだけのためにあるわけじゃないから。親に付き合った経験が、何かで子どもの役に立つ可能性だってゼロではないですしね。だから、レジャー計画を立てるときは、親、つまり自分たちがしたいことも検討対象に入れましょう。

親がしたいことで予算を食ってしまう場合、子どもとのレジャーは格安路線で考えます。

子どもの楽しいことを突き詰めると、お金を使うことよりは、むしろ遊具の充実している公園だったり、親戚の家で子どもばかりでいっぱい集まることを喜んでいたりする。それは、親としては〝しょぼいレジャー〟だったとしても、子どもにとっては最高の楽しみなんですよね。子どもが心から楽しんでくれれば、それを見ている親自身も自然と嬉しくなるものです。

ちなみに、わが家は北海道ということもあり、「暑い夏」が非常に貴重なんです。なので、夏のレジャーは「海!海!海!たまにプール」です。

海、いいですよ。わが家から一番近いビーチは、駐車場の800円だけで、一日中でもいられますから(プラスでお昼代などはかかりますが……)。水遊びさせておけば、子どもはまったく飽きません。

Check!

レジャーのプランは、みんなで話し合えるといいですね。大人がしたいこと、子どもがしたいことを合わせて、どういうバランスで組み込むかも話し合うと、みんなで楽しめます。

実際にカレンダーに書き込んでみよう！

Step1 お父さんの休みの日をチェックし、子どもの習い事など決まっている予定も書き込む。

Step2 レジャー（お出かけ）の予定はかかる金額まで書き込む。
※お昼代がかかるか、かからないかも考え書き込むこと。

Step3 レジャーの日はマーカーなどで囲む。

Step4 余白部分に月ごとの予算と夏休み全体の予算を書き込んで完成！

<table>
<tr><th>日</th><th>月</th><th>火</th><th>水</th><th>木</th><th>金</th><th>土</th></tr>
<tr><td colspan="6">8月
予定
プール1回⇒2,890円
海2回　⇒3,600円
公園1回　⇒0円
お泊り2回⇒0円
レジャーパーク1回
⇒1,000円
合計　7,490円
夏休み全体予算
レジャー（お出かけ）9回で
10,380円</td><td>①
ばあばの家お泊り
0円</td></tr>
<tr><td>②
お墓参り</td><td>3
子ども習い事</td><td>4</td><td>5</td><td>6</td><td>7
子ども習い事</td><td>⑧
海
[駐車場]800円
[昼]1,000円</td></tr>
<tr><td>⑨</td><td>10
ばあばの家お泊り
0円</td><td>11</td><td>12</td><td>⑬
プール
[入場料]2,890円
家族3人分／
午後のみ</td><td>⑭
レジャーパーク
[入場料]1,000円
家族3人分
[昼]は弁当を持参</td><td>⑮
海
[駐車場]800円
[昼]1,000円</td></tr>
<tr><td>⑯
公園
0円
午後のみ</td><td>17</td><td>18
夏休み終了</td><td>19
始業式</td><td>20</td><td>21</td><td>22</td></tr>
<tr><td>23</td><td>24</td><td>25</td><td>26</td><td>27</td><td>28</td><td>29</td></tr>
<tr><td>30</td><td>31</td><td></td><td></td><td></td><td></td><td></td></tr>
</table>

夏休みカレンダーの作り方

まずは予算と行先を決めよう！

Step1 家族で相談し何がしたいか、どこに行きたいかを考える。

Step2 それぞれのレジャーにかかる費用を算出してみる。

Step3 予算が大きくかかってしまいそうなら、行先変更など再度相談する。

POINT **子ども中心のレジャーではなく親も楽しめるレジャーを考える！**

日	月	火	水	木	金	土
7月	予定 プール1回⇒2,890円 公園　1回⇒0円 合計　**2,890円**		1 ○はお父さんの休みの日 □はレジャー（お出かけ）の日	2	3	4
5	6	7	8	9	10	11
12	13	14	15	16	17	18
19	20	21	22	23	24 終業式	㉕ 夏休み開始 プール [入場料]2,890円 家族3人分／ 午後のみ
㉖ 公園 0円 [昼]は弁当を持参	27 子ども習い事	28	29 子ども習い事	30	31 子ども習い事	

夏休みの予定カレンダーは
普段使いのものとは別に作成する！

45

JAF会員費の4000円優待をフルに使う

レジャー費

ロードサービスなどを提供し、ドライバーのサポートをしてくれるJAF。JAF年会費が4000円かかることは、車乗りの方ならばご存知でしょう。今は、大抵の自動車保険にロードサービスが付帯しているので、JAF会員になっている方自体が減ってきていると思います。

しかし、わが家ではかつて、あえてJAFの会員になっていました。なぜなら、会員向けに1カ月に一度送られてくる会報誌（JAFメイト）のチラシに、かなりお得な「優待」がついてくることがよくあるからです。会報誌ではなく、あくまでチラシのほうです。

たとえば、**夏場だと「プールの優待」なんかも入っていたりして、意外と気が利いているチラシなんですね。なので、JAF会員の方は使い倒して、40**

Check!

優待券は、元を取るために「全部使わなくっちゃ」と思わない程度に使いましょう。優待券のメリットは魅力的ですが、それに伴って余分な支出が増えるのは避けたいところです。

00円の元を取っちゃいましょう。 そうでない方でも「年会費4000円はイタイ（?）けれど、JAF優待でそんなに安く行けるなんて知らなかった！」という方は参考にしてください。

◎会員特典が盛りだくさん（北海道ですが……）

私がJAFのチラシでお得だったな、と思ったのは「定山渓ビューホテルの日帰り入浴が、家族で1200円以上も得」というもの。地元の話ですみません。私が見ているのは「札幌版」。チラシを配布する地区によって内容は変えてあるはずですし、優待情報も更新されたりするので、あくまで一例として見てくださいね。

定山渓ビューホテルというのは、ホテルと名のついているとおり「宿泊施設」なのですが、プールが充実しているんです。ホテルについているちょっとしたプールじゃなくて、完全に「プール施設」です。

ちゃんと小さい子が楽しく遊べるスペースもあれば、流れるプールあり、波のプールあり。何でも揃っていてとても楽しいんです。それでいてホテルですから、当然「お風呂」も充実しているわけでして、しかも屋内なので「雨の日のお出かけ」としても利用できます。通常ならば、料金は大人1500円、子ども900円（現在は大人1600円、子ども1000円）でしたが、JAF会員チラシを利用すれば、日帰りで大人1000円、子ども700円になりました。大人2人、子ども1人で行った場合、この1回で1200円お得になりました（クーポンは1回しか使えませんが）。

同じチラシの中には「ロイヤルホスト15％割引券」なんてものもありました。3000円食べたら、450円引きになります。こんな具合に、その他にも色々な優待券がついています（ほとんどは1回限り有効）。

その他、目についた優待は、「パーキングガレージ特別優待」。これは、新千歳空港近くの駐車場なんですけど、旅行に行くときに2泊3日で利用したら、通常は2550円かかります。でも、JAF会員は通年1950円。さらに、8月1日～9月30日限定で1050円の割引券が入っていました。

たとえば、北海道からディズニーランドに行くとしたら、2泊3日くらいが通常コースだと思うので、こんなところでも1500円もお得に！

気になる方は、まず「ＪＡＦナビ（http://jafnavi.jp/）」というホームページをチェックしてみてくださいね。

◎ロードサービスもやっぱり安心

この優待を1年を通して使い倒せば、何だかんだと割引になるので、年間で数千円くらいは得できる可能性も大。したがって、ＪＡＦの年会費４０００円を実質無料にしてしまうことも可能です。

また、ＪＡＦの本来の業務であるロードサービスも、作業時間が30分以内ならば何回呼んでも無料なので（わずか数カ月にして4回も呼んだ経験者がここに！）意外とお得なのかもしれません。

ただ、**得するレベルまで優待を使い倒せなさそうなら、ＪＡＦじゃなくて自動車保険のロードサービスで十分です。**まずは、前述の「ＪＡＦナビ」などでさまざまな情報をチェックしてみて、会員になるかどうかを検討してみるといいと思います。

Check!

今の自動車保険は、ロードサービスが本当に充実しています。実際に何かがあって呼んでも、迅速。自動車会社などでも、サポートの一つとしてロードサービスが入っている場合もありますから、必要性を十分検討して加入するとよいでしょう。

46 子どもが幼児期の専業主婦、お金を使わない1日の生活

私の子どもはもう小学生なので、だいぶ前のことですが、子どもが生まれた頃は毎日バタバタでした。幼稚園生の子どもを持つママが、子どもを園に送り出した後に一人で買い物に行くのを見て、猛烈に憧れたのを今でも思い出します。専業主婦のママは、子どもが小さいうちは本当にストレスも多いし、自分の時間なんてまったくないし、世間で思われているほど気楽な生活ではありません。

ですが、今思えば子どもが〝乳幼児〟と呼ばれる期間は、本当に短かったなと思います。特に、子どもが幼稚園に入ってからは、あっという間に過ぎました。なので、小さなお子さんを持つママには、子どもと24時間一緒にいる、そのときを大切にしてほしいなって思います。

レジャー費

参考までに、子どもが1歳くらいのとき、私がどんな生活をしていたか、時系列で書いてみましょう。ちなみに、私のことなので、いかにお金を使わないかを考えて過ごしていたので、参考になるかと思います。

幼児期の専業主婦、1日の生活

6時起床……3人分の弁当作り
6時半〜……授乳
8時前……ようやく朝ごはん。その後、家事を適当にこなす
10時頃……子どもと公園か児童館へ
12時……お昼ごはん
13時……昼寝
15時……昼寝から起きる。子どもは家で遊ぶ。私は自由時間
16時半……夜ご飯準備
18時……夜ご飯
19時……夫と子どもはお風呂。自分は晩ご飯の片付けなど
22時前……就寝

ざっとこんな感じで毎日を過ごしていました。

お金を使わないポイントは朝10時〜12時まで。私の場合は、公園か児童館へ行っていたので、お金はかかりませんでした。ただ、この時間、毎日のようにイオンなどのショッピングモールへ行っちゃっている方、いませんか？　お金を使わないようにするためには、ショッピングモール通いを日課にするのはNGです。

お店を眺めていると、どうしても「あ、これ安い♪」とか「ああ、これかわいいから買っちゃおう♪」となっちゃいます（いや、もちろん、私も買い物のあるときは、この時間帯に行っていましたが、本当に必要な買い物をするだけで、ウィンドーショッピングはしませんでした）。

よって、この隙間時間を公園か児童館に固定することで、大幅に支出は短縮できます。わが家は相当寒い日でも、厚着をさせて外遊びしていました。北海道なので、寒い日は氷点下。公園に私たち2人だけということも多々ありましたが、「外で遊ばせるのが一番元気になる！」と信じていた私は、周りがどうであろうと、晴れれば極力外遊びしていました。

◎朝お弁当を作っておくと、さらに節約に！

お弁当は小さいものでも、朝作っておいたらラクでした。台所に立つのが苦にならない方ならいいのですが、台所に立つ時間を1秒でも短くしたい私としては、お昼にお弁当が用意してあるのは非常にラクなんです。

でも、**周りのママたちを見ると、お昼は結構コンビニに寄って、おにぎりとか食べさせている人も多かったように思います。**

コンビニで毎日買い物していたら、1人分で120円としても、30日分で3600円。2人分だと7200円もお昼にかけることに！ それに対し、手作り弁当ならコストは激安。おにぎりだけでもいいんです。それにソーセージ2本くらい足したって、朝10分くらいの手間でできます。買って食べるよりは若干は安全な気もしますしね。

一番大変なときだけど、手をかけた分はきっと返ってきますよ。なので、ぜひ前向きに、そして時には適当でもOKで頑張ってくださいね。

食材の質を気にして食費が高額になっている半面、コンビニのおにぎりなどをよく食べさせるご家庭は結構多いです。節約、楽しみという両方の観点からも、負担を強く感じないときは手作りのおにぎりを持って出かけたいですね。

47 お祝い費はカードのポイント貯金でまかなおう

イベント費

インターネットのプロバイダなど、何かを契約したときによくあるのが「キャッシュバック」。さらに、クレジットカードを使うとポイントが貯まります。こんな感じのオマケって、お金でもらえるときには、昔は貯金に回していました。でも最近は、こういったものを別の口座で貯めておいて「家族のお祝い費」に充てています。**結局貯金から出しているという事実に変わりはないのですが、オマケから出しているというのが、意外と自分としては「これ、貯金より精神的にイケルかも」って思っているんです。**

子どもの誕生日くらい、おいしいものを食べたい、と思っても、家計から出すとなると、やっぱりちょっと「節約」を考えてしまう。でも、オマケで貯めたお金を使えば、実質無料でお祝いができます。この方式に変えて実際にやっ

お金の役割を決めておくことは、家計のやりくりをうまくするコツの一つ。日々の支出と特別なときのお金は、別物と考えていくと、イベントなどのときは遠慮なく楽しめ、満足感が高まります。非常に上手なやり方です。

Check!

てみると、「ああ！　クレジットカードのポイントやキャッシュバックがすごく活かされている！」という、二重の喜びがあります。

◎現金化できないポイントは同額を財布から出して貯金

ただ、カードのポイントを現金化できないときはどうするか？　私は「楽天カード」を利用していますが、楽天カードの場合は楽天のサービスを利用時に貯めたポイントを使って、無料で買う（割引を受ける）のが基本です。つまり、ポイントを現金化して貯めることはできません。

そのため、私はポイントを使ったら、〝ポイントと同額を財布から出して、お祝い費のところへ貯める〟ようにしています。これで地味にポイントのムダ遣いも防げるんです。「ポイントで無料で買えるんだから、どんどん買っちゃおう」と、太っ腹になって散財することもなく、「お祝い費」が貯まっちゃいます。

わが家の場合は「お祝い費」を貯めていますが、「旅行費」とか「外食費」とかでもいいかもしれません。そもそも、貯金自体ができないという方も、この方式で貯金するといいかもです。思ったより貯まるかもしれませんよ。

48 お年玉って何歳から？ そしていつまで渡せばいい？

イベント費

年始と言えば、「お年玉」。このお年玉に頭を悩ませている人も多いのではないでしょうか。わが家は、親戚の子どもが少ないので助かっていますが。新婚の頃は、姪っ子がまだ高校生と中学生くらいで、2人分だけでも2万円くらい年始で飛んでいくのが、結構つらかった思い出があります。当時は今よりもっとお給料も少なかったですしね。

ところが、世間には甥っ子や姪っ子で十数人という人もいるみたいで、これではちょっと、お年玉をあげる年齢の線引きをしたいところですよね。

まず、お年玉は何歳からあげればいいのか？　参考までに、わが家のお年玉事情についてお話ししましょう。

わが家の場合、夫の弟（義弟）からうちの子どもに対して、毎年2000円のお年玉をもらっています。義弟には子どもが長くいなかったので、ただもらいっぱなしの状態。でも、最近になって子どもが生まれたので、わが家からはその子が0歳のときからお年玉を渡しました（金額は2000円）。

でも、本来なら0歳からお年玉をあげる必要はないと思います。子ども自身はまずわからないですしね。じゃあ、**何歳からあげればいいか。これは、子ども本人がお年玉に興味を持ち始めた頃」でいいのではないでしょうか？**

なので、3歳くらいになったら、一応お年玉袋だけ用意しておいて、「私もほしい」ってなったら「どうぞ」と渡せばいいのかな、と思います。

子どもはお金の価値がよくわかりません。小学校に入ってから、ようやくわかってくる感じですから、お金でものが買えるとわかった3歳頃から、小銭程度のお年玉をあげるので十分だと思います。

Check!

◎親戚に渡す場合、妥当なお年玉の金額とは？

金額ですが、自分の子にあげる場合は、家庭でそれぞれ考えた上で、好きなように決めればいいと思います。ただ、親戚にあげる場合は、人付き合いと関わる部分なので、よく考える必要があります。

今まで自分の子どもがもらっていて、その親戚の子どもにお年玉をあげることになった場合は、もらっていたのと同じ金額でいいのではないかと思います。わが家も、ずっと2000円もらっていたので、こちらからも相手が10歳くらいまでは2000円を渡すでしょう。その後は、もらった金額に合わせていこうと思っています（向こうから先にもらう側なので、合わせやすい）。

また、わが家のように、新婚時からもう甥っ子、姪っ子が中学生以上になっている場合は、周りに確認してみたらいいと思います。

わが家の場合、姪っ子が中学生のときは7000円くらい、高校生のときは1万円渡していたと思います。

しかし、これが十数人になったら、十数万

お年玉の相場はいくら？

何人にお年玉をあげますか？

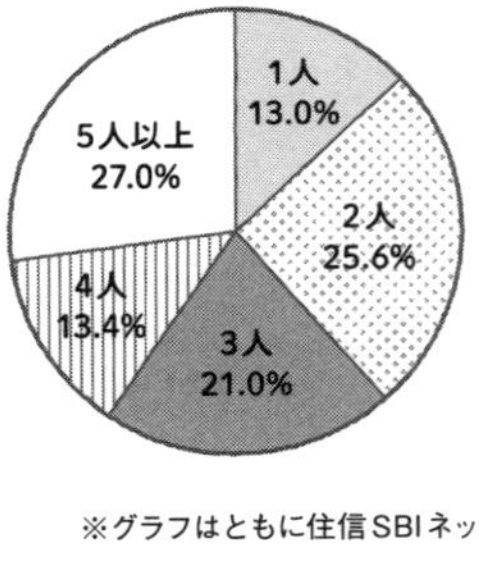

お年玉の総額推移

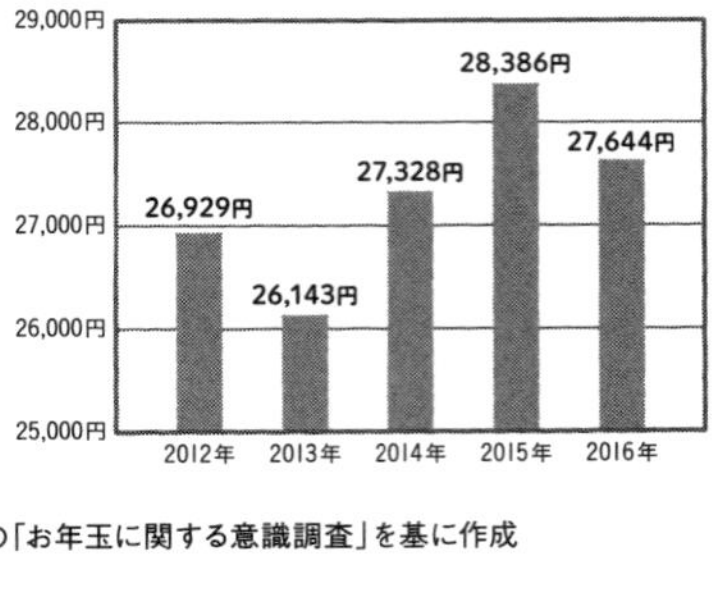

※グラフはともに住信SBIネット銀行の「お年玉に関する意識調査」を基に作成

お年玉はお金の教育をするのによい機会なので、
年間の予算として盛り込んでおきたいところ！

円になってしまうので、場合によっては、親戚みんなで「お年玉はなし」という協定を結んでいるお宅もあるようです。どうせ渡し合いになるだけなら、いっそ話し合いで「ナシ」とするのも気楽なものです。

何もないのが寂しい場合は、1万円も渡さず、3000円くらいでもいいのかも。気持ちですからね。

ただ、**家計に負担がかかるまでのお年玉をあげる必要はないと思いますが、お年玉は「もらって嬉しい」だけではなく、子どもがお金に向き合ういい機会だと思います。**

もらったお金をどうやりくりするか？　と子ども自身が考えるのももちろん大事ですし、お金のありがたみのようなものが伝えられるイベントだと私は思っています。

「お金との付き合い方」は「節約」に密接に関係してきます。ただ、何でもかんでも「もったいないから」と言って「ケチる」のもまた違うのかなと思う今日この頃です。

子どもがお金に興味を持ち始めるのは、ガチャポンをしたい、駄菓子を買いたいといった動機を持った頃でしょう。そういう時期から少額のお年玉を渡し始めるので十分。お金を使うという「いつもにはない体験」が子どもには大きな経験になります。

49 息子の誕生日パーティ、節約もバッチリで終了

イベント費

多くの家庭にとって、子どもの誕生日と言えば、一大イベントのはず。うちでも、誕生日がやって来るだいぶ前から、例年夫婦で話し合いをします。話し合う内容は「プレゼントは?」「料理は?」などなど。私は節約ブロガーですが、子どもの誕生日だけは結構派手に(いや、世間一般に比べたら、そこまで派手じゃないかな?)使います。

普段、節約して、楽しいイベントなどには思い切って使う! これも節約の楽しみだったりするんですよね。365日、24時間節約ばかりだと、息抜きできないので、ムダなところはバッサリ切りつつ、〝生きたお金〟(みんなが楽しいと思えることに使うお金)は惜しみません。

さて、わが家には小学校高学年になる一人息子がいます。この息子に〝プレ

ゼントをあげたいと毎年思ってくれる人〟は、両親（つまり、私と夫）、父方の祖母、母方の祖父母がいます。

もう少し大きくなると、お金を渡すような感じになるのかもしれませんが、小学生くらいまでの子どものお誕生日を祝うときに、おすすめしたいやり方があります。

それは、**おもちゃなどの子どもがほしいものは、思い切って両親、祖父母の中の誰か一人が買う、というルールにすること。**つまり、全員でおもちゃなどの子どもがほしいものを贈らない。その代わり、他の人には誕生日ケーキなどを用意してもらったらいいと思います。実際、わが家はそうしています。

いたずらにおもちゃを増やしても、結局最初しか遊ばなくてムダになることって多いですよね。ましてや子どもが2人、3人といたら、考えても恐ろしいくらいです。それで残念な思いを味わうのなら、最初から誕生日プレゼントは一つに絞り、子どもにはそれを大切に使ってもらったほうがいいでしょう。

ケーキを祖父母などにお願いすると、どんなものが届くか私や夫もワクワク。以前、大きくてゴージャスな飾りがついたびっくりするようなケーキが届いた

Check!

おもちゃなどのプレゼントはルールを作って与えないと、ありがたみのわからない子になってしまいます。誕生日はお父さん、クリスマスはサンタさんからと、もらえる人を決めておくことも大切です。

ことがあり、家族で感動したのを思い出します。そんなサプライズがあると、ますます素敵な誕生日パーティになりますね。

◎誕生日はお金を使う日!?

おもちゃ、ケーキを祖父母などに発注しても、まだ〝お財布が余る〟という場合（たとえば自分の兄弟がプレゼントをくれるという場合など）、私は子どもの洋服をお願いしています。

洋服ならば必ず着ますし、必要なものを買ってもらえれば、タンスの肥やしにならず、しかも着るたび「ああ、誕生日に買ってもらった服だね」という感謝の気持ちを何回でも抱けます。

洋服でなければ、靴、バッグなどの身に着けるものもよさそうですね。誕生日プレゼントを買ってくれる人がいっぱいいるという恵まれた環境ならば、こんな密かな分業作戦もおすすめですよ。

ちなみに、わが家の直近の息子誕生日、家族の希望でピザハット（誕生日クーポンを使い、ネット予約で２２００円）、ケンタッキー（４ピース、９８０円）

で、合計3180円を「お祝い費」から出しました。ケーキは祖父母に頼んだので無料。肝心のプレゼントは、ゲーム機のニンテンドー3DS。これは子どもからというより、夫の強い希望で実現。私の両親がカンパしたため、うちからの持ち出しは5000円でした。

この3DS、当初は迷っていたのですが（子ども本人が強くほしがったわけでもなく、値段も高価なので）、結果的には夫に教えてもらいながら、子どもも楽しく遊べていたので、まあ、よかったかな、と思っています。

ゲームで遊び、普段ほぼ目にすることのないピザやケンタッキーで、楽しくパーティができました。

一応、節約も少しは考えながらお金を使ったのですが、それでも**「年に一度の誕生日なんだし、ここは使うところ！」と決めて、楽しく節約する**一場面でした（と言っても、結局わが家からの持ち出しは8000円強に収められたんですけどね）。

ちなみに、翌日のお昼はパーティで余ったピザ。楽しいパーティ、その後は慎ましやかな日常に戻りました。

Check!

わが家も収入が究極に少ない頃は、数カ月前から「誕生日予算」として、コツコツとお金を貯めていきました。祝ってあげられたという喜びが、家族全員の満足にもつながります。

50 「子ども用の貯金」は生活費の口座と分けて管理する

イベント費

わが家の場合、生活費の口座と貯金の口座は完全に分けています。生活費のやりくりが厳しいとき、簡単に貯金に手をつけられる状態にしておくのは、やっぱりまずいと思うからです。

また、わが家では生活費と貯金以外にも、用途に合わせた口座をいくつか作っています。その一つに、**子ども関連のお金をまとめておく口座もあります。この口座は貯金専用ではなく、子ども費全般を管理するのに使っています。**

たとえば、学資保険の保険料の引き落とし、学費の引き落としは、この子ども用口座から。そのため、毎月の給与から定額をここに移動させています。出て行くお金だけでなく、子どもが親戚などからもらったお小遣い、お年玉、お

Check!

子どもの教育費は総額で1000万円というのが一つの目安(大学まですべて公立の場合)。子ども用の貯蓄は現在の家計とごちゃ混ぜにせず、新しい口座を開くか、普段使っていない口座に振り込まれるよう管理するのは賢い方法です。

祝い金などもすべてここに入金していますし、学資保険が満期になったら、ここにお金が入る設定になっています。児童手当は、生活費の口座に振り込まれるのですが、毎回引き出して子どもの口座に移動させています。

余談ですが、児童手当を移す作業が、4カ月に一度とはいえちょっぴり面倒なんですよね……。最初から子ども用の口座に振り込まれるように設定すればよかったです。

ただ、児童手当は保護者名義の口座に振り込まれるので、子ども名義の貯金の口座を振込口座にすることはできません。これから出産予定などで、子ども用の口座を作ろうと思っている方。子どもの口座なら子ども名義だろうと思われるかもしれませんが、児童手当（あるいは自治体からのさまざまな補助金も）のことを考えるなら、親名義にしておくのが無難です。

◎子どもがもらったお小遣いはムダ遣いしない！

さて、この子ども用口座のお金ですが、貯金分については、子どもの将来のため（進学時など）に使う他は、子ども自身が判断してお金を使えるようになったときに、自分で使ってもらえばいい……という認識でいます。

とはいえ、日常的にちょこちょこ引き出す機会も多いんですよね。最近では、漢和辞典を買いました。あるとき、子どもが親戚に「これで本でも買いなさい」と、お小遣いをもらったことがあり、そのときは買う予定の本もなかったので、とりあえず子ども用口座に入れておいたのが役に立ちました。

お小遣いって臨時収入感覚なので、特にほしいものがなくても「じゃあ、お小遣いもらったし、本屋に行ってみるか」となり、余計なものを買ってしまう、というのはよくある話。

でも、**お金に消費期限はないので、どうせムダ遣いするくらいなら、お小遣いは子ども用口座に入れるというルールにするのがおすすめです。**

子どもが小さいうちは、子どもの教育にどうしても必要なものって少ないと思いますが、学年が進んでいくと、学校で必要なものも、親として子どもの教育に必要だと感じるものも増えていきます。なので、子ども用口座での貯金は子どもが成長するにつれて、家計の心強い味方となってくれます。

Check!

子どもがまだお金の使い方をよくわからないうちは、このようなやり方でOK。ただ、そのお金を何かに使う場合は、「あのお金が役に立った」ということを子どもにわからせてあげるのもお金の教育には必要です。

ちなみに、その他誕生日プレゼント、クリスマスプレゼントなども、全般的に〝いただいたお小遣い〟を貯めたものでやりくりしており、大変家計が助かっています。

ところで、私の息子は来年中学校に入学します。子ども用の貯金の中には、中学入学に必要なお金（早い段階から、事前に計算しておきました）がきちんと用意してあります。

それを踏まえて、余剰分がどれくらいあるか、どれくらい使っても大丈夫か、を常に計算しながら、子ども用のお金を使っています。

このように、子ども用のお金を一括管理すると、「ここまでは使っても大丈夫だな」というのがわかりやすいのがメリットです。逆に、「中学入学費用を出しちゃうと、子ども用の貯金がほぼ残らないな～」というようなときは、「家計をもっと引き締めてやりくりしよう」という具合に、方向転換もできるので、誰でも管理しやすいやり方だと思います。

column 08 イベント費

賢いお年玉のあげ方
～横山家の場合～

本編でお年玉の話がありましたが、大学生から４歳児まで、６人の子どもがいるわが家（＋夫婦で８人家族です！）のお年玉事情を、参考までに紹介します。

わが家では、子ども全員にお年玉をあげています。未就学児の末っ子も例外ではありません。金額ですが、小学生以上のすでに毎月お小遣いも渡している子どもには、「適切（一般的な相場）」と思われる金額よりも、あえてやや多めにお年玉を渡しています。そして、お年玉の管理は個々人に任せます。すぐ使い切っても、残しておいても自由です。

その上で、月々のお小遣いが不足した場合には、親は決して援助しないルールにしています。お小遣いの追加をせがまれたら、「足りないなら、お年玉から使いなさい」と話します。無計画にお年玉を使い切ってしまった子は泣き顔になりますが、甘い顔はしません。

このようにしておくと、自分でお金を管理し、コントロールして使うことを覚えます。普段、ついだらだらと子どもにお小遣いをあげてしまっているなら、この習慣を取り入れるようにすると、子どものためになり、なおかつ家計のためにもなるのではないでしょうか。

エピローグ

節約ベタな人でも お金を貯められる ようになる 3ステップ

節約の達人でなくてもお金は貯められる

本書では、節約ブロガー・ななさんが実践している、さまざまな節約テクニックを紹介してきました。読者のみなさんにも、参考になるところも多かったのではないでしょうか。

ななさんは「節約ランク」をつけるとしたら達人レベルだと思います。ただ、現時点で節約を始めようかなと思った人が、ななさんの達人技をいきなり全部マネするのは難しいかもしれませんね。

節約ランクで言えば普通レベルの人（＝何となくお金が貯まらない人、もっと貯まっていいはずなのに、貯金が増えない人、ちょこちょこムダ遣いをしている自覚がある人など）が、お金をガッチリ貯められる節約の達人になるには、ステップを踏んでいく必要があります。

そのステップとは、次のようなものです。

ステップ1⇓現状を把握する

ステップ2⇓変化を起こす

ステップ3⇓振り返り、修正しながら繰り返す

これだけではよくわからないと思うので、まずはステップ1から解説していきましょう。

◎家計の現状把握には、やっぱり「家計簿」が必要

私は普段、数多くの人から「家計のお悩み相談」を受けています。その際、本当によく聞くのが、「それほど浪費しているつもりもないのに、お金が貯まらないんです」という言葉です。

収入にもよりますが、一般レベルの定期的な収入がある人の場合、浪費さえしていなければそこそこお金が貯まるのが普通です。それなのになぜ貯まらないのかと言えば、本人が自覚していないだけで、ムダに使っている費目があるからです。

その無自覚な浪費を明らかにするには、何にどれだけお金を使っているか——つまり、家計の現状を把握する必要があります。

そのために便利なものと言えば、やっぱり**「家計簿」**です。

家計簿と言うと、聞いただけで「三日坊主になりやすいから、無理！」などと拒否反応を起こす人もいますよね。もし、家計簿を継続させることに不安がある人は、短期間でもいいので区切りを決めて記録してください。短期間の記録だけでも、自分が何にお金を使いすぎているか、ある程度のところは見えてきます。

家計簿のつけ方ですが、最近はアプリを利用する人も増えました。カードでの買い物を自動的に家計簿に反映できたり、銀行口座のお金が変動したときに記録してくれたり、レシートをスマホで撮影するだけで、手入力しなくても買ったものや金額を家計簿に反映したりできる、高機能な家計簿アプリも増えています。手書きがイヤな人は、こうしたアプリを使うのもいいでしょう。

とはいえ、手書きには手書きのよさがあります。受験勉強などで覚えがある人も多いでしょうが、手で書き、目で見た情報は、しっかり頭の中に定着しやすいものと思われます。私の経験則でも、**手書きで家計簿を作成している人ほど、現状の問題をしっかり把握して、家計改善に結びつけることができている**ようです。

もちろん、アプリやエクセル家計簿で成功している人もたくさんいます。ただ、「レシートを用意して、アプリを立ち上げて、レシートを撮影して、読み込みミス（家計簿アプリのレシート撮影機能は、データの読み込みのミスが頻繁に発生する場合が多いです）を修正して……という一連の作業が面倒」「パソコンを立ち上げて、エクセルを開くことすら面倒」と思ってしまう人も多いようです。それなら、ノートなどをパッと開いてざっと使った金額だけ手書きで記入しておくほうが、面倒なようでいて、心のハードルは低いのかもしれません。

◎レシートを見ながら出費を「消費」「浪費」「投資」に分類しよう

家計簿には、その日使った金額と費目（1000円・食費……など）程度の情報を最低限に記入するとして、同時におすすめしたいのは、**買い物のレシー**

トを「消費」「浪費」「投資」で分類してみることです。

これは私が赤字家計を再生するときに、いつも推奨している方法です。お金の使い道を考えてみると、

◆生活していく上でどうしても必要な出費（＝消費）

◆気分を高めることはできるけれど、しなくてもよかった出費。あるいは、お金を使ったときは高揚しても、後で悔やんでしまう出費（＝浪費）

◆将来の自分や家族のためになる出費（＝投資）

……この3つに大きく分けることができると思います。

たとえば、食費は基本的に「消費」ですが、明らかにムダ買いしてしまった食品に使ったお金は「浪費」です。また、仕事上で人脈作りのために行く飲み会の費用は「投資」ですが、惰性で出かける愚痴だらけの飲み会は「浪費」でしょう。

次の例を参考に、みなさんもひとまず1カ月レシートを保管して、出費の内訳を見ながら「消費」「浪費」「投資」の分類をしてみてください。

【Aさんのある日のレシート】

●衣料品店で8940円（衣類購入）⇓仕事で本当に必要なものなので「消費」

●コンビニで150円（コーヒー）⇓習慣化しているのでつい買ったけど、半分残したので「浪費」

●コンビニで480円（おにぎりとお菓子）⇓家でおにぎりを作るくらいなら5分でできる。いつもやらなければと思いつつ、さぼってしまう。ダイエット中なのにお菓子はいらなかった……両方とも「浪費」

●書店で1300円（参考書代）⇓仕事で必要な資格取得のための参考書代なので「投資」。

●ネット通販で2500円（お米）⇓必要不可欠なものなので「消費」。重いからネット通販で買うが、送料の部分は「浪費」かも……？

●居酒屋で3000円（飲み会代）⇓新人歓迎会なので絶対に出席しなければならなかった。職場の人間関係がよくなることを考えれば「投資」

こんな調子で、短期間の分でも出費を分類してみると、自分の「お金の使い方の傾向」が見えてきます。言うまでもなく「浪費」が多ければ要注意です。

◎問題点が把握できたら、いよいよ改善していく段階

現状把握のステップ1の説明が長くなりましたが、ここをクリアしたら、後は行動あるのみです。ステップ2からは、現状を改善できるような変化を、少しずつでも起こしていきましょう。

変化とは、これまでにしていなかった節約を取り入れてみたり、予算を決めて（あるいは予算を減らして）買い物をしたり、クレジットカードの使用をやめてみたり……といったことです。このステップでは、本書で紹介した節約ワザも、ぜひ参考にしてみてください。

ただ、冒頭でもお話ししたように、節約が得意ではない普通の人が、本書の内容をいきなり100％実践するのは大変です。無理をすると息切れして続かなくなるので、できるところから少しずつやってみましょう。それで効果を実感できれば、きっと節約への苦手意識も薄まってくるはずです。

その後は、ステップ3として、振り返り、修正しながら少しずつ実践する節

約ワザを増やしてみてください。

家計簿や「消費」「浪費」「投資」の分類は、必ずしもずっと続けていなくてもいいですが、できれば続けているほうがベターです。それらを給料日前に1カ月分ずつ振り返る習慣にしておけば、自分の消費行動の中でどこに問題があるか、定期的にチェックできます。問題点を一つずつクリアする努力をすれば、いずれ出費の記録を何もつけなくても、家計を管理し、自然と貯金ができるようになっていくはずです。

最後に、もう一つ貯金を成功させるためのアドバイスをしたいと思います。それは、**〝家族でお金の問題を共有すること〟**です。

一人暮らしの人は、自分だけで家計の現状把握をしていれば問題ありませんが、家族がいる人は、みんなで節約・貯金に取り組むべきです。妻だけが懸命に節約し、夫は興味ゼロ（最近は、夫だけが熱心という逆パターンも増えてきています）といった家庭は多いですが、それではなかなか思うように貯金は増えません。

このような場合、家族（子どもを含む）に家計簿を見せたり、将来のライフプランを話し合ったりして、家計の運営をどうしていくべきか考えましょう。目的意識を共有し、家族の協力を仰げば、貯金のペースは飛躍的にアップします。

本書の著者のななさんは、一人で家計管理をしていますが、旦那様は何だかんだ言っても節約に協力的な様子。それが、結果として貯金の成功を招いているると思います。

みなさんも家族と共に、お金の問題に向き合ってください。みなさんが家族で楽しい節約生活ができるよう、心から応援しています。

おわりに

ブログを始めて2年ほど経った頃から「もっと多くの人に読んでもらいたい」、そして「いつかは書籍化を」と思っていました。

そのためにはそれまでの家庭での節約のみならず、保険、住宅ローンのことなどをもっともっと勉強しなくては！　と思い、ブログ記事はどんどん増えていきました。

そうすると、「新婚の頃勉強しつくした！」と思っていた医療保険のことでも「全体の2割くらいしか知らなかった！」などと日々驚いたものです。

住宅ローンもしかり。さらに広げていけば、公的な医療保障も調べれば調べるほど充実していることに驚きました。

私の節約術は、本の中でも書いてあるようにまずは固定費の削減、中でも「住宅費、保険料、携帯代（通信費）」の3大固定費を最初に削減することがキモです。これらが全部できれば、半分は家計削減に成功したようなもの！

ただ、家計管理を進めていく中で、何よりも大事だと思うことは「自分の価値観を持つこと」でした。

たとえば、「家族なら車はワンボックス」「携帯は当然スマホ」「家を買うなら新築に」などはよく耳にする話です。もし、みなさんの中でそのように思っている方がいらっしゃるなら、自分に問いただしてみてください。その一つ一つに「持つべき理由」があるのかを。

あるのであれば何も問題ありません。しかし、それが「周りと一緒にしないと」という「他人軸」であるとしたら見直しの余地があります。

私の場合で言えば、３人家族にワンボックスは大きすぎます。電話とメールしかしないのにスマホは必要ありません。新築も必要ないと言いたいところですが、家については夫と話し合い、新築を買うことを貯金（節約）の一つの目標としていたので、頑張って家計管理に励み、５年ほど前に購入しました。少し予算をオーバーしてしまいましたが、結婚してから家を購入するまでの10年近くの家計管理において、かなりのモチベーションになりました。

このように「他人軸」ではなく、「自分軸」でものごとを突き詰めて考え、「自分サイズ」にしていくと、結果的に一番ラクになるのは、実は自分と家族なんですよね。

「これからは知識のある人がお金を制する」。

まだまだ私も勉強することがたくさんありますが、今まで、勉強したことをこの本に詰め込みました。そして、この本を読んでいただいたみなさんが「自分サイズ」で家計を見直し、少しでも多くの人に「家計がラクになった」といっていいただけたなら、こんなに嬉しいことはありません！

最後にブログの書籍化にあたり、監修していただきました横山光昭先生、本書の制作で大変お世話になりましたスタッフの皆様に心から感謝申し上げます。

ななな

2016年4月

著者　なな

北海道で一家3人（夫と男の子）仲良く暮らす節約ブロガー。夫の手取り月収10万円台の頃から節約に励み、はや14年。今では、手取り月収20万円台の中から、年に150万円を貯めることを目標に家計管理にいそしむ。性格はのんびり屋の割に負けず嫌いで凝り性だったりする、いわば典型的なB型主婦。ブログを読んでいたら、いつの間にか余裕が出てきた!! というような、「役に立つ、読者目線」の情報を提供するべく、日々ブログを更新中。

年間100万円貯金節約ブログ
http://nanaeco.com/

監修者　横山光昭（よこやま・みつあき）

家計再生コンサルタント。株式会社マイエフピー代表取締役。家計の借金・ローンを中心に、盲点を探りながら抜本的解決、確実な再生を目指す。個別の相談・指導では独自の貯金プログラムを活かし、リバウンドのない再生と飛躍を実現し、これまで9700人以上の赤字家計を再生した。業界でも異端児的活動で、各種メディアへの執筆・講演も多数。独自の貯金法などを紹介した『年収200万円からの貯金生活宣言』（ディスカヴァー・トゥエンティワン）など著書も多数。雑誌、新聞、テレビ、ラジオでも活躍。日本経済新聞社WEBにて連載公開中。全国の読者や依頼者から共感や応援の声が集まる、庶民派ファイナンシャルプランナー。

1年《ねん》で150万円貯《まんえんた》める家計管理術《かけいかんりじゅつ》

2016年5月30日　初版第1刷発行

著　者　なな
監修者　横山光昭
発行者　澤井聖一
発行所　株式会社エクスナレッジ
〒106-0032　東京都港区六本木7-2-26
問合せ先　編集　TEL：03-3403-6796
FAX：03-3403-0582
info@xknowledge.co.jp
販売　TEL：03-3403-1321
FAX：03-3403-1829